Heimo Schwilk · Die Stadt der Kinder

AF289029

Marcel möchte weg aus der Großstadt. Dort ist es ihm zu laut, zu hektisch, zu unfreundlich. Und die Erwachsenen schimpfen viel zu viel. Da hat er im Stadtpark eine überraschende Begegnung: Ein Fremder will ihn auf eine Reise mitnehmen. Zu einer geheimnisvollen Stadt in den Wolken, wo Marcel und seine Freunde ihre Wünsche verwirklichen können.

In der Wolkenstadt gibt es keine Uhren und keine Regeln, dafür Süßigkeiten im Überfluss, und die Kinder können sich ihre Lehrer im Kaufhaus aussuchen. Doch bald fällt ein Schatten über das Paradies, Streit bricht aus, die Wolke droht sich in Tränen aufzulösen. Hat die Hexe Regenwetter Marcel und seine Freunde verhext? Eine phantastische Geschichte über den Traum von einer besseren Welt und das Wunder der Versöhnung.

Lesealter: 8-10 Jahre

Heimo Schwilk, geboren 1952 in Stuttgart, lebt als Schriftsteller und Journalist in Eichwalde bei Berlin. Zahlreiche Buchveröffentlichungen zu Politik, Zeitgeschehen und Kultur. 1992 wurde er mit dem Theodor-Wolff-Preis für „hervorragende journalistische Leistungen" ausgezeichnet. Für das Kinderbuch „Die Stadt der Kinder" erhielt er den Adolf-Mann-Preis für Kultur der evangelisch-theologischen Seminare in Baden-Württemberg.

Heimo Schwilk

Die Stadt der Kinder

mit Illustrationen
von Uwe Küstner

Januar 2003
© 2003 Heimo Schwilk
Satz und Layout: Buch & medi@ GmbH, München
Umschlaggestaltung: Kay Fretwurst, Spreeau
unter Verwendung einer Illustration von Uwe Küstner
Herstellung: Books on Demand GmbH, Norderstedt
ISBN 3-8311-4698-5

Inhalt

für Dagny, Laura, Clarissa und Federico

Marcel

N a warte, du freche Kröte!" Der kleine Junge lief in
langen Sätzen die schmale Gasse hinunter, stolperte
vor Aufregung an der abschüssigen Straßenecke und wäre
fast einer dicken Frau in den Kinderwagen gefallen. Em-
pört drehte sie sich um und brummte böse: „Na so was, du
Lümmel!" Erst hinter der Kurve verlangsamte Marcel das
Tempo, die hellen Augen in seinem vor Aufregung geröte-
ten Gesicht huschten aufgeregt hin und her – er überlegte
sich seinen weiteren Fluchtweg. Hinter ihm aus der Gasse
ertönte die keifende Apfelsinenhändlerstimme des Herrn
Krottenbusch. „Lauf nur, du kleiner Gauner, irgendwann
erwisch ich dich doch!" Wütend knallte er seine klapprige
Ladentür zu, dass die Hühner in der Küche wild gackerten
und ein Huhn vor Empörung ein kariertes Ei legte. Inzwischen war Marcel am Stadtpark angekommen und hoffte,
den Alten abgeschüttelt zu haben.

Hier begann sein kleines Reich, hier würde ihn niemand
finden. Ja, er hatte sich selbst zum König über dieses stille,
grüne Reich ernannt, und niemand wagte es, ihm diesen
Ehrenplatz streitig zu machen. Die lustigen Sperlinge
senkten untertänig ihre Köpfchen und begleiteten ihn mit
ihrem nur ihm zugedachten Zwitschern. Sogar die fetten
Amseln beobachteten ihn wohlgefällig, und es schien,
als neigten die mächtigen Bäume ehrerbietig vor ihm ihre
Kronen. Der stolze Knirps marschierte majestätisch vorbei
an den rot gestrichenen Bänken, unter ihm knirschte der

gestreute Kies, und links und rechts raunte der Wind im staubigen Gebüsch.

Alle Kieswege liefen auf das weißgraue Monument inmitten des Parks zu. Da war es, fünf Meter hoch und ziemlich dick. Am liebsten setzte er sich immer unter das rechte Bein des riesigen Steinritters, dessen helle Gestalt schon von weitem zwischen den dunklen Bäumen hervorleuchtete. Eigentlich hätte er schon längst zu Hause sein müssen. Das Abendessen und sein Bett warteten auf ihn. Als Marcel gerade unter das Bein gekrochen war, schlug die Rathausglocke neunmal, laut und deutlich: Bettzeit. Marcel lehnte sich zurück und ließ sich durch den Kopf gehen, was er den ganzen Tag getrieben hatte. Mit den Jungen vom Hafenviertel hatte er Fußball gespielt, dabei war ihm die Jackentasche abgerissen worden, und im Eifer des Gefechts – es musste kurz vor dem Elfmeter gewesen sein – hatte er das Geld für die Wäscherei verloren. Und der Ball war auch futsch. Er hatte ihn nach einem tollen Lattenschuss in das stinkende Hafenbecken gekickt. Sicher schwamm er schon weit draußen beim Leuchtturm, oder eine freche Möwe hatte ein Loch in das Leder gepickt. Er war gesunken und lag jetzt auf dem schlammigen Meeresgrund – ein neues, bequemes Haus für eine ganze Krebsfamilie. Ja, und dann dieser Krottenbusch, das alte Gestell mit den bösen Augen und den schmutzigen, behaarten Armen. Wie ein Blitz war er aus seinem finsteren, muffigen Apfelsinenladen herausgeschossen und hatte ihn, den kleinen Marcel, zu packen versucht. Dabei hatte er damals den Stein gar nicht geworfen, sondern Rix, der Feigling. Er, Marcel, hatte nur das Pech gehabt, dass er kurz danach auf dem Heimweg an der zerbrochenen Schaufensterscheibe vorbei musste. Und da hatte ihn dieser verflixte Krottenbusch gesehen.

Marcel gähnte. Er war müde vom vielen Laufen, Spielen und Zanken. Ein wenig brannte es unter seinen schweren Lidern; doch wenn er die Augen schloss, löschte die Dunkelheit das Feuer. Der kleine Knirps sank in sich zusammen, rutschte am Steinbein hinunter auf den Sockel, und noch im Einschlafen meinte er, die große, eckige Zehe des Ritters habe ein wenig gezuckt und ihn am Hals gekitzelt. Dann war Marcel eingeschlafen.

Eine seltsame Begegnung

Plötzlich schreckte er aus seinem Halbschlaf auf. Es war sehr still im Park. Etwas ungewöhnlich Fremdes lag in der lauen Nachtluft. Keine Vogelstimme war zu hören, und kein Blatt bewegte sich an den nachtschwarzen Parkeichen. Da, Marcel richtete sich jäh auf, hinter ihm, aus der Gegend, wo die staubigen Ginsterbüsche standen, war deutlich das Knirschen von Schritten auf einem der Kieswege zu hören! Furchtsam klammerte sich Marcel an das kühle Steinbein. Jetzt waren die Schritte deutlich zu hören. Marcel spürte, dass sich jemand dem Monument näherte. Das Licht des Mondes lag wie verschüttete Milch über den weiten Rasenflächen, und die Kieswege waren so silbrig hell, dass Marcel sogar die einzelnen Kieselsteine erkennen konnte. Langsam, Zentimeter um Zentimeter, kroch er tiefer unter das rechte Ritterbein und kauerte sich in den Schatten, den der schwere Panzer auf den Sockel warf. Die Schritte kamen jetzt von links, um den Ritter herum, Marcel spürte es, und sein kleines Herz klopfte wild. Da, eine dunkle Gestalt bog um die Sockelecke und blieb wenige Meter vom Monument entfernt stehen. Marcel schloss vor Angst beide Augen. Er wartete auf irgendetwas Schreckliches, doch nichts rührte sich. Gerade, als er wieder seine Augen vorsichtig geöffnet hatte, begann die finstere Gestalt zu reden, mit tiefer, freundlicher Stimme: „Was machst denn du da, du kleiner Knirps? Mitten in der Nacht, in einem dunklen Park, zusammen mit einem alten Steinritter?" Marcel fasste Mut und erwiderte leise:

„Ich bin versehentlich eingeschlafen. Aber …, aber, wer sind denn Sie?" Die seltsame Erscheinung lüftete elegant den Hut und entgegnete: „Ja, mein Kleiner, das ist eine lange Geschichte. Und vielleicht wirst du sie nicht einmal glauben. Doch ich will sie dir gerne erzählen. Man nennt mich den alten Wolkenkönig. Das klingt ein wenig hochtrabend, mein Kleiner, doch wenn man sich die ganze Sache durch den Kopf gehen lässt, stimmt es eigentlich. Nun, schau einmal dort hinauf zum nächtlichen Himmel. Siehst du dort die feinen, silbernen Wölkchen, die am freundlichen Mondgesicht vorbeisegeln? Dort oben, auf der dicksten und weißesten Wolke, habe ich mir aus vielen glitzernden Sternen ein kleines Schloss gebaut und herrsche von dort über die Wolken. Über alle, nicht nur die weißen, seidigen Schönwetterwölkchen oder die zarten Kumuluswölkchen – nein, auch über die dunklen, finsteren und boshaften Gewitterwolken! Und alle hundert Jahre komme ich einmal auf die Erde herunter, ich besteige mein silbernes Wolkenschiff und jage in sausender Fahrt durch die rabenschwarzen Nachtlüfte hinab zur schlafenden Erde, hierher in den Park. So, und nun möchtest du sicher auch wissen, warum ich gerade hier gelandet bin? Ich habe nämlich etwas Besonderes vor. Ich möchte einen kleinen Jungen finden, dem ich einen Wunsch erfüllen kann. Aber, wie heißt du eigentlich, mein kleiner Freund?"

Marcel hatte vor Staunen den Mund offen gelassen, solange der Alte sprach. Ungläubig starrte er hinauf zum Himmelszelt, zu den funkenden Sternen, den Wolken und dem lächelnden Mondgesicht. „Ich heiße Marcel", sagte er dann zaghaft. Der Alte kam langsam auf ihn zu und sagte freundlich: „Also, Marcel, überlege dir gut, was ich dir für einen Wunsch erfüllen soll. Morgen Abend, beim siebten Schlag der Rathausglocke, musst du wieder hier sein. Auf Wiedersehen und gute Nacht, Knirps!"

Dann war er weg, einfach fort, spurlos verschwunden. Marcel war wieder alleine, inmitten des großen, nächtlichen Parks, auf dem hellen Sockel des Monuments. Alles erschien ihm unwirklich, rätselhaft. Und doch, er träumte nicht, er musste sich nicht einmal in die Nase zwicken, er hatte alles wirklich erlebt. Aber ein Wolkenkönig wollte der sein, in seiner zerrissenen Jacke und dem zerbeulten Hut auf dem struppigen Haar? Marcel schüttelte ungläubig den Kopf. „Doch auf jeden Fall werde ich morgen hier sein." Er hüpfte vom Sockel auf den Kiesweg und lief eilig durch den dunklen Park in die schlafende Stadt hinein. Er eilte durch etliche düstere Gassen und Straßen. Atemlos kam er zu Hause an. Nichts rührte sich im Haus, vielleicht hatten seine Eltern gar nicht bemerkt, dass er sich so sehr verspätet hatte. Oder waren sie bereits auf der Suche nach ihm? Leise öffnete Marcel die Tür zu seinem Zimmer und ließ sich müde aufs Bett fallen. Wenige Sekunden später war er tief eingeschlafen.

Der Wunsch

M arcel hatte Glück: seine Eltern hatten ihm das lange
Ausbleiben am vergangenen Abend nicht allzu übel
genommen. Sie hatten vermutet, dass er bei einem seiner
Freunde zu Abend gegessen hatte und so später als sonst
zurückkommen würde. Als sie von ihrem abendlichen Spaziergang zurückgekehrt waren, fanden sie Marcel im tiefsten
Schlummer in seinem Bett. Die kurze Standpauke am nächsten Morgen ließ Marcel gelassen über sich ergehen. Er hatte
sich angewöhnt, seiner Mutter mit schuldbewusstem Ge-
sichtsausdruck zuzuhören, während er bereits in Gedanken
neue Streiche ausheckte. Marcel beschloss, vorerst seinen
Eltern und auch sonst niemandem von seiner nächtlichen
Begegnung zu erzählen. Ein wenig schämte er sich – wem
sollte er denn diese unglaubliche Geschichte erzählen, über
die sicher jeder lachen würde? Und so verging der Tag, ohne
dass er mit irgendjemandem darüber gesprochen hatte.

Der Wunsch! Fast hätte er ihn vergessen. Er, Marcel, durfte
sich etwas wünschen! Wie alle Jungen hatte er auch sonst
irgendwelche Wünsche auf Lager, doch jetzt, da er einen
finden musste – da fiel ihm kein einziger ein! Aber er
durfte sich ja alles wünschen: vom Gameboy bis zu einem
riesengroßen, echten Elefanten, auf dem er jeden Tag stolz
in die Schule reiten würde – die würden staunen, hautsäch-
lich Rix, dessen nagelneues Fahrrad gegen dieses Riesen-
tier einfach verblassen würde. Ein Elefant! Doch wo sollte
er, der in seinem Zimmerchen kaum Platz für sich selbst

hatte, dieses Elefantentier denn unterbringen? Also doch nichts mit einem echten Elefanten!

Oder sollte er sich einen Kaufladen wünschen, voll gefüllt mit Pfefferminzstangen, so einen mit vielen polierten Schubladen, einer großen Waage und einer klingelnden Kasse? Dann – ach nein, oh weh, dann musste er ja den Leuten seine süßen Pfefferminzstangen verkaufen – nein, das wollte er auf keinen Fall, dann lieber auch keinen Pfefferminzstangenladen. Und wenn der so genannte Wolkenkönig ihn nun an der Nase herumgeführt hatte, dann, ja dann hatte er sich die ganze Zeit umsonst den Kopf zerbrochen! Aber war es nicht ein sehr freundlicher alter Herr gewesen – und freundliche alte Herren, lügen die denn auch? Nein, Marcel war sich sicher, dass der Wolkenkönig die Wahrheit gesagt hatte. Fest sagte Marcel zu sich selbst: „Die Verabredung findet heute Abend statt, beim siebten Schlag der Glocke, im dunklen Park. Bis dahin habe ich einen Wunsch gefunden."

Er setzte sich auf sein Bett, nahm einen Bogen Papier und begann, auf ihn die Namen von den Dingen zu schreiben, die ihm wünschenswert erschienen. Ein Bogen, zwei Bögen, dann drei, vier, und schließlich häuften sich nach einer Stunde die Papierbögen auf seinem Bett, und Marcel beschrieb mit vor Müdigkeit zitternden Fingern immer mehr Papier, bis er so erschöpft war, dass ihm duslig im Kopf wurde.

Er legte sich aufs Bett, mitten hinein in seinen Papierberg aus Wünschen. Vor seinen Augen tanzten bunte Ringe, in ihnen sausten die Wünsche als rasende Bilder auf und ab: Gameboys, Pfefferminzstangen, Fahrräder, rollende Murmeln, dort eine laut tutende, schwarzglänzende Spielzeuglokomotive, und mitten in einem rotem Feuerkreis tanzte auf zwei Beinen ein riesiger Elefant. Auf seinem mächtigen Rücken, da saß, das heißt, da hing Marcel, klammerte sich verzweifelt an dessen Schlappohren fest, um nicht hinunterzustürzen und von den hüpfenden Elefantenbeinen zerstampft zu werden! Hoppla, Marcel purzelte kopfüber über die Elefantenohren und über den Rüssel hinab zum Boden – über ihm schwebte ein dickes Elefantenbein! Näher und näher senkte es sich herab – da wachte er auf. Vor ihm stand seine Mutter. „Was hast du denn, Marcel?" Erstaunt blickte sie auf ihn, die im ganzen Zimmer verstreuten Papierbögen, das zerwühlte Bett und die am Boden liegende Bettdecke herab. „Ich hatte einen verrückten Traum", sagte Marcel kurz und drückte sich durch die Tür. „In zwei Stunden bin ich wieder zurück", ließ seiner verdutzten Mutter keine Zeit zur Widerrede und verschwand in der Abenddämmerung. Es blieb ihm noch eine halbe Stunde. Marcel nahm den Weg durch die Innenstadt, entlang der großen Hauptstraße und über den belebten Marktplatz.

Grell flimmernde Lichtröhren hatten die Nacht aus der Stadt gejagt, eine bleiche Helligkeit lag über den lärmenden, staubgepuderten Straßen. Wie irre Lichter blitzten die Ampeln links und rechts an den Straßenrändern. Marcel blieb stehen. An ihm vorbei strömten die Menschen. Graue Gestalten schoben sich aneinander vorbei. Ihre Gesichter waren müde, und eine hilflose Traurigkeit lag in ihren Augen. „Sie haben Angst voreinander", dachte Marcel. „Jeder läuft seinen Weg, in seine Richtung, niemand schaut dem anderen in die Augen." Ihre Bahnen schienen vorausbestimmt wie Eisenbahnlinien. Wo hatte Marcel dieses unfreundliche Gewühl schon einmal gesehen, die bleichen Gesichter mit den starren Augen? Er erinnerte sich: Vor zwei Jahren, als er erst zwei Monate in der Schule gewesen war, war er wegen einer Krankheit zusammen mit seinen Eltern zur Erholung in ein fremdes Land gefahren. Die Bahnhöfe mit ihren verschmutzten Glaskuppeln hatten ihn erschreckt. Die Kuppeln schienen ihm so fern, so unerreichbar wie der Himmel, nur dass von den Kuppeln nicht Sterne, sondern grelle Scheinwerfer herabblitzten. Es waren dieselben Menschen gewesen: eilige, unfreundliche Gestalten mit leblosen Augen. Als sie am Ziel angekommen waren, in einer hellen Stadt, hatte er sie vergessen, die Menschen vom Bahnhof. Dort gab es nur lächelnde, hell gekleidete Männer und Frauen, die sich ständig verbeugten, ihre blitzend weißen Zähne zeigten und in elegantem Schwung weiße Tücher über ihre Schultern warfen. Daran dachte Marcel, doch hier, in seiner Stadt, gab es keine solchen Menschen, hier hasteten nur eilige, graue Gestalten an ihm vorbei oder jagten zusammengedrängt in roten Bussen an ihm vorüber.

„Scher dich weg, du Lausejunge!", brüllte auf einmal eine Stimme dicht neben ihm. Hinter sich hörte Marcel das Quietschen von Wagenbremsen. Eine andere Stimme rief: „Du elender Lümmel, dir mach ich Beine!" Marcel fuhr aus seinen Träumen hoch, starrte entsetzt in das Gesicht eines Polizisten, der breitbeinig vor ihm stand. „Verschwinde!" Marcel war so eingeschüchtert, dass er sich wortlos umdrehte, auf den Gehsteig zurücklief und in der Menschenmenge verschwand.

– „Verschwinde" – es würgte in seinem Hals. Marcel schluckte, schluckte noch einmal, seine ganze Angst, seine Wut und seinen Schrecken schluckte er in sich hinein.

– „Verschwinde" – immer wieder „Verschwinde", überall in dieser Stadt, auf ihren Straßen, in ihren Gärten.

Völlig in sich versunken hörte der verstörte Knirps weit in der Ferne das stetige Summen des Verkehrs, spürte, wie hastige Passanten an ihm vorbeiliefen, ihre derben Stöße, wenn er ihre Bahnen kreuzte.

Und über aller Unruhe, den Menschen, den vielen Lichtern war der dunkle Himmel. Dort oben, bei den still funkelnden Sternen, die mitleidig auf die töricht aufgeregten Ampeln und grellen Straßenlampen schauten, beim stumm lächelnden Mondgesicht – wie ruhig und friedlich musste es dort sein! Marcel zuckte zusammen. Sein Wunsch! Dort, unterm Himmelszelt, auf den Wolken, beim Wolkenkönig

selbst wollte er sein! Kein Polizist, keine kreischenden Autos, kein grelles Licht, keine Apfelsinenhändler, keine unfreundlichen Stöße, nur Wolken, Wind, Sterne und – ja, und wer noch? Keine Menschen?

Der Wolkenkönig wohnte ja alleine dort oben in seinem Schloss! Wen sollte er, Marcel, dort mit hinaufnehmen, wer wollte schon fast alleine in den Wolken wohnen? Aber da schoss es ihm durch den Kopf: seine Freunde, die vom Hafenviertel, die von der alten Burg, alle Kinder seiner Stadt! Und konnten sie nicht alle zusammen eine eigene, schöne Stadt haben? Dann würden keine Lampen nachts die Straßen in Tageslicht tauchen, nur der Mond und die Sterne würden die schlafende Stadt beleuchten. „Das ist ein Wunsch!", dachte Marcel begeistert. Vor Freude über seinen Einfall hatte Marcel sogar seine Eltern vergessen. Dann hatte er den Park erreicht. Ein wenig pfiffen noch die Vögel, die Bäume neigten ihre Kronen im Abendwind, und unter Marcels hastigen Tritten knirschte der Kies. Siebenmal schlug die Glocke, ein wenig verwehte der Wind den Klang, und es schien, als bliebe er in den Bäumen hängen. Sieben Schläge. Marcel war am Monument angekommen. Wieder stand es weiß und vom Mond beschienen vor ihm.

An den Rändern der Kieswege standen die staubigen Gebüsche, und es raschelte in ihnen. Plötzlich löste sich ein Schatten aus dem Dunkel der Bäume, und der Wolkenkönig stand weithin sichtbar auf dem Platz. Marcel ging auf ihn zu.

„Da bist du ja, mein kleiner Freund. Nun, hast du dich entschlossen? Welchen Wunsch soll ich dir erfüllen? Doch wähle gut, mein Kleiner, du hast nur den einen!"

Marcel schwankte unschlüssig, sollte er sich nicht doch noch für etwas anderes entscheiden, für das Fahrrad, den Elefanten vielleicht? Nein, er hatte sich schon entschieden! Er sagte laut: „Lieber Wolkenkönig, bitte baue für mich eine Stadt dort oben in den Wolken. Ja, dort oben, wo du wohnst, für mich und meine Freunde, all die Kinder dieser Stadt!"

Der alte Mann lächelte, nickte anerkennend mit dem Kopf und sagte: „Gut, du hast dich entschieden, der Wunsch wird erfüllt. Aber willst du denn alle mit hinaufnehmen zu den Wolken?" Marcel sagte hastig: „Alle, lieber Wolkenkönig, alle Kinder meiner Stadt, und auf gar keinen Fall darf ein Polizist oder ein Apfelsinenhändler dabei sein!" Der Wolkenkönig schaute nachdenklich zum Himmel. „Es wird schwierig sein, alle deine Freunde da hinaufzubringen. Doch wir werden es schaffen. Hier, da hast du ein Stäbchen. An der Spitze ist ein roter Knauf. Wenn du das Stäbchen schwingst, leuchtet es an der Spitze weithin sichtbar auf, und alle deine Freunde werden, wenn du durch die Stadt gehst, aus den Häusern herauslaufen und sich dir anschließen. Niemand kann sie dabei hindern, wenn du das Stäbchen hast – es wirkt wie ein Magnet. Doch verlier es nicht, sonst ist es aus mit deinem Wunsch! Nun auf Wiedersehen, Marcel, bis morgen Mittag, beim zwölften Schlag der Glocke, hier im Park: du mit deinen Freunden, ich mit meinen Wolkenschiffen!" Er hob die Hand, zwinkerte mit den Augen, setzte seinen verbeulten Hut auf und verschwand.

Marcel war wieder alleine im nächtlichen Park. In der Hand hielt er das Stäbchen mit dem roten Knauf. Gedankenvoll machte er sich auf den Heimweg.

Marcel und die Kinder

Am nächsten Tag stand Marcel früh auf. Es war Sonntag. Das traf sich gut, denn er musste ja seine Freunde und all die anderen Kinder der Stadt von seinem Plan benachrichtigen. „Es wird ein hartes Stück Arbeit werden", dachte er, „die Stadt ist groß, und überall gibt es Kinder." Doch Marcel musste ja nur langsam und gemütlich dahinspazieren und dabei das Stäbchen mit dem roten Knauf schwingen. Das hatte der Wolkenkönig gesagt, und Marcel war sicher: der Alte hatte Recht! Er war mit dem Anziehen fertig, knöpfte sich noch das Hemd zu und strich seine Bettdecke glatt.

Marcel schaute aus dem Fenster. Draußen blies ein heftiger Wind. Die Bäume duckten sich furchtsam und ließen vor Angst ihre Blätter fortfliegen. Eilig lief eine schmutzig weiße Stadtkatze über die enge Straße, und wie kleine, bunte Mäuse huschten Blätter über die Gehsteige. Die Katze verschwand mit einem zierlichen Sprung im dunklen Kellerloch; Marcel schloss das Fenster. Das Abenteuer konnte beginnen.

Unter dem Hemd hielt er das Stäbchen versteckt, und als der Wind heulend von den Dächern in die engen Gassen fuhr, drückte er es fest an seinen Körper. Still und verlassen lag die dämmrige Straße vor der Haustür. Marcel lief hinauf bis zur Ecke. Er zog das Stäbchen unter dem Hemd hervor. Ein wenig zitterte er, der Morgenwind war kühl und seine Aufregung groß. Dann ließ er es kreisen, schneller und schneller. Da, der rote Knauf an der Spitze wurde heller, hellrot, und schließlich erglühte er in strahlendem Rot. Ein glühendes Feuerrädchen sprühte an der Stabspitze. Marcel sah erwartungsvoll die leere Straße hinauf zu den dunklen Fenstern und den rostigen Eisenbalkonen – nichts rührte sich, es blieb still. Das Stäbchen sauste weiter, Marcel schaute gespannt hinüber zu dem hohen Haus, das eher wie ein alter, baufälliger Turm aussah. Ein verschlafenes Jungengesicht spähte aus dem dunklen Hauseingang auf die Straße. Dann trat der Junge heraus und blickte sich nach allen Seiten um. Er winkte in das Haus zurück: Eine zweite Gestalt trat aus dem dunklen Eingang, ein kleines Mädchen. Dann wurde die Türe weit geöffnet, und noch zwei, drei – nein, fünf Jungen sprangen heraus. Sie waren ungekämmt, die Hemden hingen ihnen aus den Hosen. Sie kamen auf ihn zu. Marcel stand erstaunt in der Mitte der Straße. Die Kinder starrten gebannt auf das sausende, sprühende Feuerrädchen. Wortlos stellten sie sich in einer Reihe hinter Marcel auf. Dann marschierte dieser los, und die Jungen und das Mädchen folgten. Wie gebannt hingen ihre Blicke am funkelnden Zauberstäbchen.

An der Ecke der Gasse bog der kleine Zug in die breite Magdalenenallee ein. Auf der rechten Seite, zwischen den hohen Bäumen, waren Schaukeln, Kletterstangen und Sandkästen zu sehen. Hinter den Gebüschen ertönten einzelne Kinderstimmen. „Frühaufsteher", dachte Marcel. Das Geschrei verstummte auf einen Schlag, als er näher kam. Es war plötzlich so still, dass Marcel deutlich das tiefe Gurren der Tauben auf den Dächern hören konnte. Dann kamen die Kinder. Vorsichtig schlichen sie unter den Bäumen hervor und schlossen sich lautlos dem Zug an.

„Das läuft ja wie am Schnürchen", dachte Marcel. Kein Erwachsener war ihnen bis jetzt begegnet. Vorne, an der nächsten Straßenecke, mündete die Allee in die Hauptstraße.

Dort war um diese Zeit schon ein wenig Verkehr: hupende Autos, ein paar Busse und auf den Gehsteigen gemächlich dahinschlendernde Sonntagsspaziergänger. Jetzt bogen sie in die Hauptstraße ein. Dann ging alles sehr schnell. Von allen Seiten, aus allen Türen, Toren, Bussen und aus den an den Ampeln anhaltenden Autos sprangen Kinder heraus, huschten zwischen den hupenden Wagen hindurch und reihten sich in Marcels Zug ein. Ihre Augen wurden magnetisch vom sprühenden Feuerrädchen angezogen. Es waren jetzt so viele Kinder beisammen, dass es auf dem großen Marktplatz richtig wimmelte. Und immer mehr kamen dazu.

Und in der Mitte der Kreuzung, zwischen den rollenden Wagen und den hüpfenden Kindern stand ganz einsam ein kleiner Polizist, fuchtelte mit den Armen, gab Zeichen, pfiff in die polierte Trillerpfeife – doch niemand beachtete ihn.

Am Rathaus bog Marcel rechts ein, das war der Weg zum Hafenviertel. Je weiter weg vom Marktplatz sie kamen, desto kleiner und ärmlicher waren die Häuser: alte Gemäuer mit teilweise abgedeckten Dächern, rußgeschwärzten Kaminen, unverputzten Mauern und zerbrochenen

Fensterscheiben. Hier am Rande der Stadt, beim Hafen, wohnten die ärmeren Leute. Auch hier übte das Zauberstäbchen seine Wirkung aus. Die klapprigen Holztüren flogen krachend auf, und heraus sprangen die Kinder. Der bunte Zug hinter Marcel wurde lang und länger. So lang, dass sein Schwanzende sich hinter der letzten Straßenbiegung verlor. Marcel hatte die Jungen vom Hafen beim Spielen überrascht. Sie nahmen mit, was sie gerade in Händen hielten: Fußbälle, Papierschiffchen, Murmeln und aus dem schmutzigen Wasser gefischte Holzstückchen und Flaschen. Dann schlug Marcel die Richtung zum Park ein. Der alte Wolkenkönig wartete sicher schon ungeduldig auf ihn und seine vielen Freunde.

Marcel war sehr stolz, dass er seine Aufgabe bis jetzt so gut durchgeführt hatte. Er blickte auf das Stäbchen: Es sprühte und glühte noch immer in grellstem Rot. Die Kinder schienen völlig von seinem Zauber ergriffen zu sein, alle blickten starr nach vorn. Keiner, nicht einmal die sonst so geschwätzigen Jungen vom Hafenviertel, redete ein Wort. Da war der große Stadtpark.

Bei ihrer Ankunft schlugen die riesigen Tannen vor Erstaunen ihre Zweige zusammen. So etwas war ihnen in ihrem langen und ruhigen Leben noch nie vorgekommen, so viele Kinder, und was das erstaunlichste war – alle so artig und still! Marcel folgte dem nächsten Kiesweg, der zum Denkmal führte. Komisch, je näher er dem weißen Steinritter kam, desto schwächer drehte sich der rote Knauf, und als er am Sockel angekommen war, lag der Stab ruhig wie ein normales Stück Holz in seiner Hand. Und kaum war das Feuerrädchen erloschen, da begann ein ohrenbetäubendes

Geschnatter, Pfeifen und Lachen. Mit einem Mal waren die Hunderte von Jungen und Mädchen von ihrem Bann befreit. Die ehrwürdigen Eichen zitterten vor Schreck, die Tannen spreizten ihre Nadeln ab wie furchtsame Katzen die Haare, und ein braunes Eichhörnchen verfehlte bei einem Luftsprung den angezielten Ast und hätte sich um ein Haar das Genick gebrochen. Wo blieb der Wolkenkönig?

Marcel kletterte auf den Sockel und pfiff zweimal scharf durch die Finger. Dann rief er laut: „He, hört alle mal her, ich möchte euch erklären, warum wir jetzt hier sind!" Es wurde still.

„Kurz gesagt: In wenigen Minuten fliegen wir alle zusammen zu den Wolken dort oben, denn da wartet eine Stadt auf uns, die nur uns Kindern gehören soll! Wenn der …" – Marcel konnte nicht weitersprechen, seine Worte gingen im Gelächter der vielen Kinder unter, die sich die Bäuche hielten, mit den Fingern an den Kopf tippten oder Marcel lautstark auspfiffen. „Das glaubst du ja selbst nicht, du Flasche!", brüllten die Jungen vom Hafenviertel. „Du lügst wie gedruckt!", piepste ein Mädchen, das am Sockel des Monuments lehnte, und hinter ihrem Rücken grölte eine Gruppe von Jungen:

„Wer steht auf hohem Sockel und kräht dort wie ein dummer Gockel?"

Dann johlten alle im Chor: „Marcel, Marcel, Marcel!" Der stand völlig entgeistert da oben, ließ die Arme hängen, zuckte hilflos mit den Schultern und überlegte dabei fieberhaft, was er jetzt tun sollte, um seine Freunde zu beruhigen und von seiner Sache zu überzeugen. Ein wenig regten sich auch bei ihm erste Zweifel. Die wundersame

Reise zu den Wolken begann auch für ihn wieder unwirklich und unglaubwürdig zu werden.

Da zupfte ihn plötzlich jemand am linken Hosenbein. Marcel schaute hinunter – ein Arm winkte zwischen den Beinen des Steinritters hervor. Der Wolkenkönig! Schmunzelnd hockte der Alte hinter dem Ritterbein und lächelte freundlich. „Ich werde mit deinen Freunden sprechen, Marcel", sagte er leise, „pass auf!" Er erhob sich.

Flug zu den Wolken

Das Geschrei verstummte so plötzlich, als hätte ein Blitz in das Monument eingeschlagen, und die Kinder schauten überrascht hinauf zur hoch aufgerichteten Gestalt des Wolkenkönigs. Zu Marcels Erstaunen hatte er nicht mehr seine zerschlissenen Klamotten an und den zerknüllten Hut auf, sondern war in einen weißen, flauschigen Wolkenmantel gehüllt. Und auf seinem Kopf saß wie eine Krone ein überhelles Kumuluswölkchen. „Liebe Kinder", rief er laut, dass das Echo aus dem weiten Park zurückschallte, „ihr dürft das, was Marcel euch erzählt hat, ruhig glauben, er hat euch nicht angeschwindelt. Wir werden alle zusammen hinauf zu meinen Wolken fliegen, denn Marcel, mein kleiner Freund, hat sich eine Stadt für euch, seine Freunde, gewünscht. Sie wird nur euch gehören, ihr alleine werdet dort oben in den Wolken wohnen, und niemand wird euch sagen, was ihr zu tun habt! Was meint ihr dazu, seid ihr damit einverstanden?"

Ein einstimmiger Schrei ließ die Parkbäume erzittern. „Ja, ja!", jubelten Jungen und Mädchen und hüpften vor Begeisterung auf und nieder. Sie kletterten auf den Sockel des Steinritters, hoben Marcel und den Wolkenkönig auf ihre Schultern und trugen sie im Triumphzug quer über den Rasen und die Kieswege.

„Das ist also nun doch die Höhe!", brummte der staubige Ginsterbusch. „Zuerst brüllen sie wie die Ochsenfrösche, dann zertrampeln sie unseren schönen Rasen, und nun schleppen sie einen alten Mann durch die Gegend! Oh, ihr elenden Schlingel!" Und erbost schüttelte der Busch sein graues Blätterhaupt.

„Wann fliegen wir eigentlich los?", rief ein Mädchen mit blonden Strupphaaren und schaute ungläubig hinauf zu den segelnden Wolken.

„Auf geht's zu den Wolkenschiffen! Folgt mir alle nach!" Der Wolkenkönig glitt von den Schultern eines dicken Jungen herab, den sie Knolle nannten, und schritt den Kindern voraus in Richtung auf eine dichte Baumgruppe. Alle drängten eilig hinterdrein. Da standen, oder besser gesagt, da schwebten sie: Zwei große Wolken, die aussahen wie Schiffe mit rotweiß gestreiften Segeln und mit einem hölzernen Steuerrad vornedran.

„Mann, das ist 'ne Bombe!", brüllte Knolle und hätte dem schmunzelnden Wolkenkönig vor Begeisterung fast auf die Schulter gehauen. Der nahm den kleinsten Jungen auf den Arm und kletterte in das erste Wolkenschiff. Schließlich saßen alle ordentlich hintereinander auf den weichen Bänken und warteten gespannt auf den Abflug. Der Wolkenkönig band ein Tau um den Mast des Schiffes und warf es dann zum anderen hinüber. „Schlingt es um euren Masten!", rief er Knolle zu, der, wie er rasch bemerkt hatte, der kräftigste von den Kindern war. Jetzt waren die Schiffe fest miteinander verbunden und es konnte losgehen. Der Wolkenkönig hob den Arm. „Und nun aufgepasst! Seid ganz ruhig und haltet euch an den Bänken fest!" Er stampfte mit dem rechten Fuß auf den Schiffsboden und flüsterte:

„Meine Wolken, schwebt in die Höhen,
sausend und brausend, in eiligem Flug!
Tragt euren Meister, als hilfreiche Geister,
empor zu den Sternen!"

Ein ohrenbetäubendes Sausen erfüllte die Luft, die beiden Schiffe erzitterten, hoben sachte ab und segelten in schneller Fahrt in die Höhe.

Vor Aufregung hockten die Kinder zusammengekauert wie eine ängstliche Mäusefamilie auf den Bänken, hielten sich an den Händen oder klammerten sich an ihre Bänke. Nur Marcel stand stolz vorne am Bug neben dem Wolkenkönig, der das Steuerrad bediente. Schnell waren sie auf der Höhe der Parkeichenwipfel. Im Vorbeigleiten rauschten die Kronen, Blätter lösten sich von den Zweigen und verfingen sich im watteweichen Schiffsrumpf. Dann lag der Park weit unter ihnen. Marcel lugte neugierig über den Schiffsrand. Hinten schwebte das andere Schiff in ruhiger Fahrt, und die Haare der Mädchen flatterten im Wind.

Der Park lag jetzt weit unter ihnen wie ein einsames, grünes Blatt im Herzen der Stadt, mitten im Gewirr der Straßen und Gassen, Häuser, Kirchen und Plätze. Schwach schimmerte das weiße Monument zwischen den Bäumen hindurch. In diesem Augenblick überflogen die Wolkenschiffe den Marktplatz. Ihre Schatten huschten über die belebte Kreuzung, und die Menschen samt dem fuchtelnden Verkehrspolizisten blickten überrascht hinauf zum Himmel. Dieser war tiefblau, und die beiden Schiffe waren die einzigen Wolken.

Einsam segelten sie aneinander gebunden in ruhigem Flug in den Himmel hinein und entschwanden bald den Blicken der neugierigen Menge, die nicht ahnte, was sich hinter den weißen Gebilden verbarg.

„Da wir ja jetzt unterwegs sind, könnt ihr mir berichten, wie ihr euch eure Stadt vorstellt", sagte der Wolkenkönig und kurbelte das Steuerrad nach rechts. Die Schiffe legten sich ein wenig zur Seite und die Segel blähten sich im Wind.

„Es muss ein klitzekleines Städtchen sein, ohne Autos, mit Stadttoren und Mauern und an jedem Eck mit einem Türmchen. Und Häusern, die so dicht beieinander stehen, dass man von einem Fenster in das andere springen kann!", sprudelte es aus Marcel nur so hervor. Der Wolkenkönig nickte. „Auf jeden Fall muss da ein riesengroßer Fußballplatz sein", riefen die Jungen vom Hafenviertel, und Knolle meinte: „Und einen Laden musst du hineinzaubern, voll gefüllt mit Bonbons und Schokolade!" – „Und wie ist es mit der Schule?", fragte der Wolkenkönig und kratzte sich hinterm Ohr. „Ich denke, in die Schule solltet ihr auch gehen." Die Kinder blickten einander entsetzt an. „Schule?", riefen sie aufgeregt. „Nee, kommt nicht in die Tüte!", schimpfte Knolle und knallte seinen Fußball wütend gegen den Schiffsmast. „Ich hab's!", rief Marcel plötzlich und pfiff durch die Zähne. „Wenn schon Schule, dann wie wir es wollen!" Alle schauten gespannt zu Marcel hinauf, der am Steuerrad lehnte. „Wir werden die Lehrer einfach selbst auswählen! Wir wünschen uns ein Lehrerkaufhaus, das sie in allen Preislagen anbietet!"

Der Wolkenkönig lachte schallend. „Ihr habt Einfälle!", prustete er, und die Kinder riefen jubelnd: „Hurra! Hurra! Marcel lebe hoch! Hoch! Hoch!" Knolle rieb sich vergnügt die Hände und kramte in seinen Taschen voller Vorfreude nach den Resten seines Taschengeldes.

Inzwischen lag die Stadt weit hinter ihnen am Horizont, und sie flogen in rascher Fahrt über bunte Felder, Dörfer und schlängelnde Flüsse, die sich in dichten Wäldern verloren.

Die Segel rauschten, das Steuerrad knarrte, und die Haare der Mädchen flogen im Wind.

Die Stadt der Kinder

W ir müssen noch schneller fliegen", sagte der Wolkenkönig und schaute nachdenklich zum Himmel hinauf. „Sonst holen wir meine Wolken nicht ein. Also haltet euch alle noch einmal gut fest!" Die Kinder duckten sich auf ihren Bänken zusammen, und Marcel schlüpfte unter den Mantel des Wolkenkönigs. Und wieder flüsterte dieser kaum hörbar:

„Meine Wolken, schwebt in die Höhen, sausend und brausend, in eiligem Flug! Tragt euren Meister, als hilfreiche Geister, empor zu den Sternen!"

Die rotweißen Segel der beiden Wolkenschiffe blähten sich knatternd zu vollem Umfang auf, die hölzernen Masten ächzten, und der Fahrtwind pfiff um die Köpfe der jungen Passagiere. „Bei dieser Geschwindigkeit sind wir bald am Ziel!", meinte der Wolkenkönig und lächelte zufrieden. „Und unsere Stadt ist tatsächlich schon da, wenn wir die Wolken eingeholt haben?", fragte Knolle misstrauisch. „Sicher", antwortete der Wolkenkönig. Er war gerade damit beschäftigt, das Seil am Mast festzubinden, das sich durch die erhöhte Geschwindigkeit etwas gelockert hatte.

Weit in der Ferne, am Horizont, ging die tiefe Bläue des Himmels in Weiß und schließlich in Grau über. „Dort vorn sind sie schon, meine Kinder, die guten Wolken!", rief der Wolkenkönig freudig. Frohgemut deutete er nach vorne. Alle reckten die Hälse neugierig über den Schiffsrand. Die Schiffe flogen in unglaublich schneller Fahrt auf die dunkle Wolkenwand zu. „Erschreckt bitte nicht, wenn es für kurze Zeit sehr dunkel wird!", beruhigte der Wolkenkönig die ängstlichen Kinder. „Das sind die lustigen Gewitterwolken, die dann und wann ihr Unwesen treiben müssen!" Und schon waren sie da. Die Schiffe brausten durch die feuchte Nacht des rabenschwarzen, grollenden Unwetters. Doch nur wenige Sekunden dauerte dieser Flug ins Ungewisse. Plötzlich riss die Wolkenwand auf, und sie segelten in die strahlende Helligkeit des wieder azurblauen Himmels hinein.

Und wie in einem in Träumen geborenen Märchen schwebte sie in den Lüften, die langersehnte Stadt, Marcels Wunsch, den der Wolkenkönig nun doch erfüllt hatte! Weiß und stolz thronte sie auf einer einzigen Wolke, die aussah wie ein schneebedeckter Berg. Das Sonnenlicht brach sich in tausend glitzernden Fenstern, und die Ecktürme warfen lange Schatten.

Die Schiffe verlangsamten ihre Fahrt, die Segel sanken schlaff in sich zusammen, und die Kinder lösten sich aus ihrer starren Ergriffenheit. „Wie schön!", jubelten die Mädchen mit vor Aufregung glänzenden Augen und vom Wind zerzausten Haar.

Die Jungen drängten sich vorn im Bug zusammen, denn jeder wollte natürlich als Erster zur schon greifbar nahe gekommenen Wolke hinunterspringen. Noch immer lehnte Marcel am hölzernen Steuerrad, sein Blick umfasste den reinen, blauen Himmel, das perlenhaft matte Weiß der Wolken und das märchenhafte Städtchen. Dann drehte er sich langsam um und schüttelte dem zufrieden lächelnden Wolkenkönig lange die Hand. „Es ist gut, mein Kleiner", sagte dieser, „ich hatte es dir versprochen."

Inzwischen hatten sie sich der Wolke bis auf wenige Meter genähert. Die Wolkenschiffe schwebten fast gänzlich bewegungslos in der Luft, nur dann und wann schwankten sie leise wie richtige Schiffe, wenn frischer Abendwind die glatte Meeresoberfläche kräuselt.

„Aufgepasst, wir legen jetzt an, und du, Knolle, verbindest das Schiff durch dieses Landebrett hier mit der Wolke!" Hinten kletterten bereits die Kinder vom zweiten Schiff ins erste hinüber. Alle waren aufgeregt, rutschten unruhig auf den Sitzen hin und her oder beugten sich erwartungsvoll über den Schiffsrand. Die Luft war erfüllt vom Gegacker und Kichern, den Zurufen und Pfiffen der Jungen und Mädchen. Dann war es so weit.

Mit Knolle an der Spitze drängten und stießen sich die Jungen vom Hafenviertel als Erste über das schwankende Brett auf die Wolke hinüber. Zuletzt verließen Marcel und der Wolkenkönig das Schiff. Mit einem dicken Strick band es der Wolkenkönig an der Wolke fest. „Nachts weht hier immer ein mächtiger Wind, und unsere Schiffe würden mit ihren weiten Segeln davonfliegen. Wir brauchen sie vielleicht noch einmal." Das Letzte sagte er so leise, dass nur Marcel es hören konnte, und der Wolkenkönig lächelte auf eine geheimnisvolle Weise.

Die Kinder sanken ein bisschen in der Wolke ein, sie war wie Schnee, wenn man etwas mit Schnee vergleichen kann, das nicht auch nass und kalt ist. „Es ist am besten, wir marschieren im Gänsemarsch den Hang zur Stadt hinauf, dort rechts ist ein Pfad – damit ihr nicht einsinkt."

Die dunklen, zackigen Mauern und übereinander getürm-
ten Häuser zeichneten sich scharf ab gegen den von der
enteilenden Sonne rotgelb gefärbten Himmel. In wenigen
Minuten würde sich das Licht des Mondes über die still
dahinschwebende Wolke legen.

Der Wolkenkönig schloss mit einem großen Schlüssel das
spitzbogige Stadttor auf und übergab diesen dann Marcel. Fast lautlos öffneten sich die beiden Torflügel. Eine
schmale Straße führte zu einem kleinen, runden Platz,
der von aneinander gedrängten Häuschen umstanden und
mit rot und grün gestrichenen Bänken voll gestellt war. Ein
Gebäude überragte all die anderen. Über seinem Portal mit
den halbkreisförmig gehauenen Stufen hing ein Schild.
Darauf war in großen Silberbuchstaben geschrieben:

Wolkenstadt-Rathaus
(zugleich zeitweilige Residenz
des regierenden Wolkenkönigs)

Als alle auf dem Platz angekommen waren, stieg der Wolkenkönig empor zur obersten Stufe des weißen Gebäudes.
Die Kinder setzten sich erwartungsvoll auf die Bänke,
Marcel kauerte auf einer der unteren Stufen. Dann begann
der Wolkenkönig zu sprechen: „Meine lieben Freunde!
Nun, so habt ihr es jetzt geschafft und befindet euch weit
weg vom Lärm und der Unruhe eurer Stadt. Hier oben bei
meinen Kindern, den Wolken, findet ihr all das, für das
ihr eine so große Sehnsucht verspürt habt: Ruhe, Platz und
Zeit, die nur euch gehört. Da ich euch alle Wünsche zu
erfüllen versprochen habe, findet ihr hier oben Lehrer in
allen Preislagen (Knolle versetzte seinem Nachbarn einen

Wolkenstadt-Rathaus

(zugleich zeitweilige Residenz
des regierenden Wolkenkönigs)

freudigen Rippenstoß), ein großes Fußballfeld, Läden, voll gefüllt mit Kuchen, Karamellbonbons und Schokolade. Noch heute werde ich wieder abreisen und euch allein lassen. Doch vorher möchte ich euch einige Ratschläge geben, die mir sehr am Herzen liegen. Und damit ihr sie nicht vergesst, habe ich sie hier auf einen großen Pappbogen geschrieben. Ich hefte ihn dort an die Holztür des Wolkenstadtrathauses. So könnt ihr sie jederzeit lesen."

Der Wolkenkönig zog einen zusammengrollten Bogen aus der Tasche seins Mantels und entrollte ihn. Laut las er vor, was dort geschrieben stand:

5 Ratschläge
für die Bewohner der Wolkenstadt:

1. Vorsicht beim Begehen der
Wolkenränder – Absturzgefahr!

2. Pünktlicher Schulbesuch!

3. Es wird gebeten, die an der Wolke
vorbeisegelnden Wolkenkinder nicht
zu streicheln – ihre Haut ist noch
zart und zerbrechlich wie die Flügel
der Schmetterlinge!

4. Achtung, Fußballspieler: zu wuchtig
getretene Bälle stürzen zur Erde hinab!

5. Möglichst nicht auf den Regenbögen
spazieren gehen – Absturzgefahr!

**5 Ratschläge
für die Bewohner der Wolkenstadt:**

1. Vorsicht beim Begehen der Wolkenränder – Absturzgefahr!

2. Pünktlicher Schulbesuch!

3. Es wird gebeten, die an der Wolke vorbeisegelnden Wolkenkinder nicht zu streicheln – ihre Haut ist noch zart und zerbrechlich wie die Flügel der Schmetterlinge!

4. Achtung, Fußballspieler: zu wuchtig getretene Bälle stürzen zur Erde hinab!

5. Möglichst nicht auf den Regenbögen spazieren gehen – Absturzgefahr!

„Habt ihr alles verstanden? Ja! Gut, dann kann ich mich jetzt beruhigt auf den Weg zu meinen Wolkenfeldern machen. Gebt gut auf euch Acht und befolgt meine Ratschläge!" Der Wolkenkönig hielt kurz inne, räusperte sich verlegen, als suche er nach Worten, und sagte dann feierlich:

„Liebe Kinder, so habt ihr nun hier oben alles, was ihr auf der Erde vermisst habt, und ich wünsche euch allen ein schönes, neues Leben!" Dann verbeugte er sich und verschwand.

Die untergegangene Sonne ließ auf den Dächern und Mauerzinnen einen sanften Schimmer zurück, wie zartes Himbeereis auf den roten Zungen der Kinder. Dunkelheit wob sich von der Erde hinauf zu den Wolken, kroch bedächtig an den Mauern der Wolkenstadt hoch und bedeckte die Häuser wie eine warme, flauschige Decke.

Die Kinder hatten sich in die umstehenden Häuser verteilt. Unter Jubelgeschrei wurden die Kammern mit den rotlackierten Betten entdeckt, und es dauerte nicht lange, bis sich alle einig waren, wo wer schlafen sollte. Müde und erschöpft vom langen Tag sanken sie in die Kissen. Und noch bevor sie sich über ihr Glück richtig freuen konnten, waren sie eingeschlafen.

Im weichen Abendwind schaukelte die Wolke mit ihrer kostbaren Fracht, nahm schließlich Fahrt auf und segelte mit den beiden Wolkenschiffen im Schlepptau weiter in den dämmrigen Abendhimmel hinein.

Ein schönes neues Leben

Es gibt keine schmetternden Hähne und auch keine rasselnden Wecker in den Wolken. Der neue Tag kam auf leisen Sohlen, und die aufgehende Sonne kitzelte die schlummernden Kinder mit ihren warmen Sonnenstrahlen an den Nasen. Marcel blinzelte verschlafen. Dann stieß er entschlossen seine Decke zurück. Über den Wolken ist jeden Tag schönes Wetter, und es regnet natürlich nie. Marcel öffnete das Fenster. Der Himmel war blau wie immer, und das Zimmer füllte sich mit kühler, frischer Morgenluft. Marcels Zimmer lag im oberen Stockwerk eines schmalen Häuschens. Im hellen Morgenlicht lag der Platz mit den vielen Bänken und dem weißen Rathaus vor der Haustür. Zwei merkwürdig schwankende Stangen lugten hinter dem gegenüberstehenden Haus hervor. „Ach ja", dachte Marcel, „die Masten der beiden Wolkenschiffe."

Er steckte zwei Finger in den Mund und stieß einen gellenden Pfiff aus. Die zitronengelben Vorhänge fuhren erschreckt aus ihrem Halbschlummer und raschelten. Zaghaft öffneten sich die Fenster in den umliegenden Häusern. Verschlafene Gesichter mit zerzausten Haaren waren zu sehen. Dicht unter Marcel flogen krachend die Fensterflügel auf, und Knolles struppiger Kopf schoss wie eine besonders eilige Kanonenkugel hervor. „Was ist denn los, wer hat gepfiffen?" Knolle ruderte aufgeregt mit den Armen, und um ein Haar wäre er aus dem Fenster gekippt. Marcel beugte sich hinab, zupfte ihn kräftig am Haar und rief mit tiefer Bassstimme: „Sofort in die Schule mit dir, du Langschläfer!" Entsetzt fuhr Knolle zurück in sein Zimmer und plumpste schwach vor Angst aufs Bett. Die Kinder an den Fenstern lachten, dass das Echo wie Kanonendonner um den Platz lief. „Aufstehen zum Frühstück!", rief Marcel laut. Die Köpfe der Jungen und Mädchen verschwanden im Innern der Häuser, und bald darauf rumpelten die Kinder die steilen Holzstiegen hinunter. Ganz tief unter der Bettdecke, wohin er sich in seiner Angst verkochen hatte, hörte Knolle das Wort „Frühstück". Mit einem Mal war er wieder hellwach. Ein Satz, und Knolle war zur Türe hinaus und stürmte die Treppe hinab. In den unteren Räumen standen weiß gedeckte Tische, beladen mit Körben voll knuspriger Brötchen, dazu Honigschalen und dampfende Kannen mit Kakao. Heißhungrig machten sich alle darüber her. Der Wolkenkönig hatte reichlich vorgesorgt: die Körbe füllten sich immer von neuem, und die Milchkannen wurden nie leer. Es waren richtige Zaubertische. Nachdem die Kinder gegessen hatten, verschwanden die Körbe, Kannen, Tassen, Schalen und Teller auf geheimnisvolle Weise, und nur die weißen Tischdecken blieben zurück.

Die Kinder liefen hinaus auf den Platz und durch die engen Gassen hinunter zum Stadttor. Um die Wolkenstadt herum, dicht unter den Stadtmauern, führte ein Weg. Ihn hatten einige Jungen entdeckt, vornedran in langen Sätzen Knolle, hinter ihm Marcel, den Fußball unterm Arm. „Wo ist der verflixte Fußballplatz?" An manchen Stellen fiel die Wolke steil ab von den Mauern bis zu den zerrissenen Wolkenrändern. „Wir sind da!", schrie Knolle. Er sprang vom Weg auf den Boden des Fußballplatzes. Dieser war etwas härter als die übrige Wolkenhaut und federte ein bisschen.

Die beiden Tore waren schwarz angestrichen. Marcel hob den Arm und sagte, indem er die dunkle Stimme des Wolkenkönigs nachahmte: „Zu wuchtig getretene Bälle stürzen zur Erde hinab!" Dann schlug er den Ball mit einem kräftigen Tritt übers Feld. Die Jungen knallten die Bälle an die Latten und Pfosten der Tore, dass sie wie Raketen senkrecht in die Höhe stiegen und um ein Haar im blauen Himmel hängen geblieben wären. Erbittert kämpften alle mit roten Köpfen um das Leder, schossen Tore oder flogen selbst wie Bälle durch die Luft.

Die anderen Jungen und Mädchen hatten sich unterdessen daran gemacht, die Stadt zu durchstreifen. Sie hatte wirklich an jeder der vier Stadtmauerecken einen Turm, und die Häuschen standen so dicht beieinander, dass sie sich an den Giebeln zu berühren schienen. Die Kinder freuten sich natürlich besonders über die mit Süßigkeiten voll gestopften Läden. Tütenweise fanden sie dort Karamellbonbons, Pfefferminzstangen und braune Lebkuchen. Schön geordnet lagen die verschiedenen Kuchen in den Regalen, bereits zerteilt in große und kleine Stücke. Die Jungen und Mädchen stopften sich Mund und Taschen voll mit dieser süßen Pracht.

Nicht ein Schmutzstäubchen lag auf dem holprigen Pflaster, als hätte ein ganzes Regiment eifriger Putzfrauen jeden einzelnen Pflasterstein blitzblank geschrubbt. Es waren eigentlich keine richtigen Straßen, nur Gässchen, die sich zwischen den Häusern hindurchschlängelten; und da das Städtchen an den Wolkenberg gebaut war, führten sie bergauf, bergab wie eine Berg- und Talbahn. „Hier kann man wunderbar Verstecken spielen!", riefen die Jungen und Mädchen begeistert. Und ganz oben, wo der Berg am höchsten war, stand ein schlanker Turm, der all die dicht zusammengedrängten Häuser um einige Meter überragte. Ein farbenprächtiger Regenbogen spannte sich über die Wolkenstadt hinweg, und an seinem Scheitel wurde er fast berührt vom hohen Turm. „Man könnte auf ihm bis hinab zum Meer rutschen!", meinte ein Junge und starrte sehnsüchtig hinauf zu den Turmzinnen. „Oder einfach einen herrlichen Spaziergang auf der anderen Seite des Bogens hinab zu den Wiesen machen", schlug ein Mädchen vor. Und wirklich, der Regenbogen wuchs aus Wiesen und Feldern von der Erde steil hoch in den Himmel, überspannte die Wolkenstadt, fiel auf der anderen Seite wieder ab und tauchte ins tiefblaue Meer.

„Schaut mal her!", rief ein Mädchen mit Stupsnase und zu lustigen Ringelschwänzchen gebundenem Haar. Es stand vor einem Haus, über dessen Tür eine Holztafel befestigt war. Auf ihr stand:

Lehrer-Verkaufsstelle

Neugierig drängten sich alle vor der Tür zusammen, und als die Fußballspieler um die Mittagszeit zurückkamen, hörten sie schon von weitem aufgeregte Stimmen. „Was ist denn hier los?" Knolle drängte sich unter die vor dem Haus stehenden Kinder. „Hier gibt's Lehrer zu kaufen!", rief das stupsnasige Mädchen, und alle lachten. Knolles Neugierde war plötzlich verschwunden. Er war merkwürdig ruhig. Langsam schüttelte er den Kopf und brummte: „Kommt, lasst die Lehrer, wo sie sind. Sicher wollen die pennen. Man soll schlafende Erwachsene nicht wecken, das haben

Lehrer-
Verkaufsstelle

die nicht gern!" Knolle hatte schreckliche Angst vor Lehrern. Das wussten die Kinder. „Du feige Trantüte!", zischte Marcel ihm zu, packte ihn am Arm und zog ihn vor die Tür. „Der Wolkenkönig hat gesagt, wir sollen in die Schule gehen. Und was ist eine Schule ohne Lehrer?" – „Etwas ganz Wunderbares …", murmelte Knolle. „Ach was", rief Marcel laut, „ich werde klopfen!" Sein Klopfen hallte durchs Haus. Kurz darauf hörten die Kinder, wie sich jemand von innen der Tür näherte. „Achtung, jetzt wird's spannend …", flüsterte Rix. Ein Schlüssel drehte sich im Schloss.

Lehrerkauf

Die Tür öffnete sich nach außen, und vor den Kindern stand ein etwas dicklicher Mann mit roten Haaren. „Guten Tag, meine Lieben!", sagte er freundlich, und seine Stimme hörte sich an wie aus dem Wasser aufsteigende Luftblasen. „Tretet ruhig näher, herein mit euch!", forderte er sie auf und verbeugte sich galant. „Wenn ich mich gütigst vorstellen dürfte: Jakob Gluckerkorn ist mein Name!", gluckerte er und grinste den Kindern freundlich entgegen. „Selbstverständlich stehe auch ich zum Verkauf an, meine Lieben – wo ist denn mein Preisschild, na, wartet … ja, hier." Der lustige Dicke zog aus seiner Hosentasche ein Pappkärtchen hervor, auf dem geschrieben stand: 2 Euro 50. „Sicher wollt ihr euch ein paar Lehrer kaufen, nicht wahr?" Die Kinder nickten zustimmend.

Lehrer Gluckerkorn ging zu einem hohen Schrank, öffnete ihn und beförderte aus seinem Inneren ein verstaubtes Buch ans Tageslicht. Dann drehte er sich um und winkte die Kinder zu sich. „In diesem Buch sind diejenigen Lehrer verzeichnet, die zurzeit vorrätig sind", sagte er, feuchtete seinen Daumen an und schlug das Buch auf. „Da haben wir's, da sind sie schon, mitsamt der Preisliste. So, nun passt alle gut auf: Jeder Lehrer hat selbstverständlich seine Eigenheiten, und so ist hier in diesem Buch niedergeschrieben, was den Einzelnen auszeichnet. Ich werde euch das vorlesen, und danach liegt es an euch, den Passenden auszuwählen! Also, hört zu: Da gibt es nun einen gewissen Herrn Schlangengleich, ›Tatzenstock und Güte‹ steht da – und er kostet ganze 3 Euro 80.

Na, wie wär's mit dem?" – „Wie sieht der denn aus, der Herr ... Herr ...", „Schlangengleich", ergänzte Lehrer Gluckerkorn.

Aber da öffnete sich schon die Türe, und Lehrer Schlangengleich betrat das Zimmer. Seltsam, sein linkes Auge schaute scharf und böse auf die Kinder, während sein rechtes ihnen wohlwollend zuzwinkerte. „Mein Name ist Justus Schlangengleich, und ich verstehe mich ausgezeichnet mit jungen Leutchen!", sagte er. Aus seiner Hosentasche zog er eine Tüte Gummibären hervor und verteilte sie an die Kinder. Knolle war es nicht entgangen, dass er einen langen Tatzenstock in der anderen Tasche vor ihnen zu verbergen suchte. „Aha", brummte er vor sich hin, „kennen wir, die Sorte: greifst du nach den Gummibärchen, haut er dir mit dem Stock auf die Finger!" Er winkte lässig ab. „Mein lieber Herr Gluckerkorn, hätten Sie uns noch jemanden anderes anzubieten?" – „Doch, doch, natürlich – hier: ›Tatzenstock und Strenge‹, 5 Euro, sehr preisgünstig, meine Lieben, sehr preisgünstig – bei diesen Qualitäten, wohlgemerkt ..." – „Geht's den nicht ohne diesen verflixten Tatzenstock?", fragte Rix leise. „Sicher geht das, liebe Kinder, doch ehe ich euch einen anderen Kollegen vorstelle – da ist also Herr Triffgenau, mein Angebot um nur 5 Euro."

Er öffnete die Tür zu einem kleinen Raum. Eine hagere Gestalt hockte dort auf einem riesigen Tintenfass. Aus dem gelben Gesicht ragte eine lange, gebogene Nase wie ein spitzer Krähenschnabel. Auch die Kleidung hatte etwas Krähenhaftes. Ein wabbelnder, blauschwarzer Anzug verhüllte den zerbrechlich dünnen Körper. Wie schlaffe Flügel hingen die Schwalbenschwänze des Anzugs auf den Boden herab. Als die Gestalt sich erhob, schwappte die rote Tinte boshaft gluckernd gegen die gläsernen Tintenfasswände. Die Krähe verbeugte sich tief. „Fürchtegott Triffgenau!", krächzte sie und schlug mit einem furchterregend langen Tatzenstock sausend durch die Luft. „Nein, danke!", rief Marcel entschieden. „Das ist nun doch zu viel des Guten!"

– „Dann habe ich hier ein echtes Sonderangebot …", sagte Herr Gluckerkorn und blätterte im Buch um. „Und zwar meinen Kollegen Eisenbeiß, Willibald Eisenbeiß, um nicht einmal 3 Euro, genau 2 Euro 87, ›Gemütlichkeit und Gutmütigkeit‹ ist hier im Buch über ihn notiert. Wie steht's mit dem?" – „Der ist genau richtig!", rief Knolle freudig. „Den nehmen wir!", jubelten die Kinder. „Und dann habe ich hier noch den Lehrer Liederlich vorrätig, der … aber, wie soll denn der gute Lehrer eigentlich sein? Was stellt ihr euch denn vor?", fragte Lehrer Gluckerkorn. „Ein guter Lehrer? Der sollte, ja der sollte … keinen Tatzenstock haben, nicht streng sein und viel krank sein!", rief Knolle. „Spaß muss er verstehen, nicht viel Hausaufgaben geben – oder am besten keine …" – „Nicht immer schimpfen und kein böses Gesicht schneiden soll er", piepste Lolo, „nie launisch darf er sein, lustig und …" – „Das ist ja ausgezeichnet!", rief Lehrer Gluckerkorn, „dann bin ich der richtige Lehrer für euch! Also, einen Tatzenstock hab ich nicht, lustig bin ich immer", gluckerte er, „krank? Doch, doch, auch öfters mal krank – Schlafkrankheit, meine Lieben … und teuer bin ich auf gar keinen Fall: wie schon gesagt 2 Euro 50. Was meint ihr, liebe Kinder?"

Erwartungsvoll blickte er die Kinder an und zupfte sich aufgeregt am rechten Ohrläppchen. Marcel schaute zu Knolle und den anderen Kindern: sie nickten zustimmend. „Sie haben uns überzeugt!", sagte er dann geschäftlich,

„dürfen wir dann um die Rechnung bitten?" Lehrer Gluckerkorn holte einen Bogen Papier aus dem Schrank und notierte die beiden Preise untereinander, zuerst seinen, dann den vom Kollegen Eisenbeiß. „2,50 Euro + 2,87 Euro, das macht, das macht … 5,27 Euro! Hier, meine Lieben: die Rechnung!", sagte er, überreichte Marcel den Bogen und verbeugte sich tief. Marcel schob ihn in die Tasche. „Jetzt geht's ans Zahlen!", meinte er dann. Alle kramten in ihren Taschen und Schürzen, fanden einzelne Cents, ein paar Fünfer und vielleicht auch mal einen Zehner. Rix sammelte die Münzen ein und übergab sie den beiden Lehrern, Herrn Eisenbeiß und Herrn Gluckerkorn. „Zählen Sie ruhig nach!", forderte Marcel sie auf, der natürlich gemerkt hatte, dass sich Gluckerkorn verrechnet hatte. „Wird schon stimmen", gluckerte Lehrer Gluckerkorn und schüttete die Münzen in eine verrostete Ladenkasse, dass es nur so klimperte. „So wäre der Kauf perfekt", meinte er zufrieden und zündete sich eine Pfeife an.

Lehrer Eisenbeiß hockte in einem dunklen Eck, versteckt hinter einer dicken Zeitung. „Sehr gemütlich …", murmelte Knolle zufrieden. „Und wann beginnt die Schule?", fragte er lauernd. „Am besten, wir haben zuerst einmal ein paar Tage Ferien!", schlug Rosina vor. Lehrer Gluckerkorn gähnte zustimmend. „Hoooaaahjaa, ja – eine gute Idee, Ferien, ja hooja." – „Heute in einer Woche also!", riefen die Kinder. „Bis bald!" Sie sausten froh zur Tür hinaus in den hellen Sonneschein.

Knolle galoppierte die Gasse hinunter. Kurz vor der Kurve winkte er den Kindern zu. „Mittagessen!", brüllte er. „Vielfraß und Nimmersatt!", lachte Marcel und raste los.

Wie die Vögel

Dort, wo der Wolkenberg am höchsten war, stand ein schlanker Turm. In seinem Inneren führte eine steinerne Wendeltreppe bis hoch hinauf zur kreisrunden Aussichtsplatte. Ein kühler Wind strich ständig um seine Zinnen, und er schwankte, wenn die Wolke, von Windböen erfasst, davonsegelte. Zwei kleine Mädchen hatten den Turm erstiegen. An die kühlen Steinzinnen gelehnt, ließen sie ihre Blicke über die bunte Erde unter ihnen, den weiten Himmel und die kleine Stadt zu ihren Füßen schweifen. „Schau doch, die kleine Wolke, sieht sie nicht aus wie eine zerzauste Haselmaus? Und dort dieser weiße Wolkenberg, glaubst du, dass auch er eine Stadt auf seinem Rücken trägt?" Eines der Mädchen beugte sich über die Turmzinne hinaus, als wollte es mit der Hand nach den Wolken greifen. „Sind wir nicht wie Vögel? Sieh doch, so weit liegt die Erde unter uns, mit ihren blinkenden Flüssen und den Bächen, die für uns nichts sind als silberne, schwache Fädchen!" – „Was meinst du, was die da unten jetzt denken, die Erwachsenen – ob sie wohl traurig sind, dass sie uns nicht mehr bei sich haben?" – „Vielleicht! Aber waren ihnen nicht immer ihre Autos und ihre Ruhe wichtiger als wir?" – „Glaubst du, dass auch unsere Lehrer uns vergessen haben? Und unsere Eltern?" – „Möglich. Auf jeden Fall sind sie froh, dass sie sich nicht mehr über unsere Streiche, unsere zerrissenen Kleider und unsere schlechten Noten ärgern müssen."

Die beiden Mädchen wussten nicht, dass seit dem rätsel-

haften Verschwinden der Kinder Trauer in ihre Stadt ein-
gezogen war. Die Mütter weinten bitterlich, und auch die
Väter, Onkel und Tanten hatten Tränen in den Augen. Und
wenn sie manchmal traurig zum Himmel emporblickten,
so sahen sie dort an manchen Tagen eine leuchtende,
weiße Wolke, die stolz über der Stadt schwebte. Freilich
konnte niemand ahnen, welch kostbare Fracht sie auf ihrem weichen Rücken trug.

„Hör doch!", rief eines der Mädchen aufgeregt. Ein leises
Brummen war zu hören. Am Himmel blinkte etwas hell auf.
„Ein Flugzeug, komm, wir wollen winken!" Da war es.
Brummend rauschte es über die Wolke hinweg, und sein
stählerner Rumpf leuchtete wie Silber im Sonnenlicht. Die
beiden schwenkten ihre Jacken und tanzten ausgelassen
auf der schwankenden Aussichtsplatte. Zur selben Zeit
schaute eine ältere Dame durch ein Bullauge hinab zur
Erde. Es war ihr erster Flug, und sie war dementsprechend
aufgeregt. Sie klemmte sich ihre Brille auf die runzlige
Nase, dann rief sie begeistert: „So schön, so bunt sieht also
die Welt von oben aus! Und die schönen, weißen Wolken!
Wie sie glänzen und blinken! Aber nanu, was ist denn das?
Du meine Güte! Wo gibt's denn so was? Eine Stadt in den
Wolken?"

Aber schon war das Flugzeug über das Städtchen hinweg-
gebraust. Keiner der anderen Passagiere hatte die kleine
Aufregung der alten Dame bemerkt. Das Flugzeug verlor
sich im Dunstschleier am Horizont, und die beiden Mädchen kletterten wieder zurück zu ihren Kameraden.

Das Untier

Ein merkwürdiger Vorfall versetzte die Stadtgemeinde wenige Tage später in Aufregung. Eines Nachts nämlich wurden die Kinder von einem Kratzen, Tappen und Piepsen aus dem Schlaf aufgeschreckt. Als Marcel geschwind aus dem Bett hüpfte und neugierig aus seinem Fenster auf den mondbeschienen Platz blickte, sah er gerade noch, wie ein Schatten unter dem Haus vorbeihuschte und hinter dem Rathaus verschwand.

Am nächsten Morgen, beim Frühstück, schmiedete Knolle große Pläne, wie man dieses Untier zur Strecke bringen könnte. Denn dass das, was da nachts durch die Stadt schlich und piepste, ein gefährliches Wesen sein musste, war für ihn eine klare Sache. „Freunde! Heute Abend legen wir uns angezogen ins Bett! Und wenn ihr dieses Untier hört, dann nichts wie aus den Betten und mir nach! Ich nämlich verstecke mich irgendwo unten auf dem Platz! Wäre ja gelacht, wenn wir dieses Vieh nicht erwischen würden!" Tatkräftig stemmte Knolle seine Arme in die Hüften und blitzte seine Freunde siegessicher an. „Einverstanden!", riefen die Kinder.

Alle warteten in höchster Spannung darauf, dass die Sonne am Horizont verschwand. Endlich brach die Dämmerung herein, und die Kinder schlüpften unter die Decken. Hinter einem dunklen Mauervorsprung verborgen lauerte Knolle auf sein Untier. Stunden verstrichen, über dem Städtchen ging langsam der bleiche Mond auf und tauchte den Platz in milchige Helle. Marcel lag auf dem Rücken und schaute in das freundliche Mondgesicht. Es füllte den ganzen Fensterrahmen und zwinkerte mit den Augen. Bald waren die meisten Kinder eingeschlafen. Da hörte Marcel ein leises Piepsen. Lautlos schlüpfte er aus seinem Bett und weckte die anderen Jungen und Mädchen. Zusammen schlichen sie auf Zehenspitzen die Treppe hinab. Ab und zu knarrte sie, und die Herzen der Kinder pochten schneller. Geräuschlos öffnete Marcel die Haustür. Ein komisches Etwas hockte mitten auf dem Platz. „Das Untier!", riefen sie lachend und umringten es neugierig. Keine Rede von Untier oder Vieh! Ein piepsendes Wollknäuel saß da vor ihnen am Boden, und zwei tiefschwarze Stecknadelkopfäuglein lugten aus dem watteweichen Körperchen hervor. Flink trippelte das kleine Wesen einige Meter fort, blieb plötzlich stehen, schnupperte mit seinem langen, rosaroten Rüssel zu den Kindern zurück und flitzte dann weiter. Marcel hatte verstanden, was es wollte. „Wir sollen ihm folgen!", rief er, und alle liefen ihm nach.

Im Vorbeilaufen zog Marcel den in seinem dunklen Versteck schlafenden Knolle kräftig an den Haaren. „Hilfe! Das Untier! Hilfe!" Knolles angstvolle Schreie gellten über den stillen Platz. Er strampelte wild mit den Händen und Füßen. Marcel jedoch war schon weitergelaufen. Entgeistert starrte Knolle den Kindern nach. Das kleine Wesen führte die Kinder durch das Stadttor hinaus zu dem Pfad, der unter den Mauern um den ganzen Wolkenberg herumführte. Auf einer hügeligen Wolkenwiese machte es Halt, stellte sich auf die stämmigen Hinterbeinchen, reckte den Rüssel in die Höhe und piepste herzerweichend. Die nächtliche

Wolkenwiese begann sich zu bewegen, wogte auf und ab, Blasen wuchsen aus der schwankenden Wolkenhaut, größer und größer, bis sie mit einem dumpfen Knall gleichzeitig zerplatzten. Jetzt hockte auf der Wolkenhaut statt der Blasen ein ganzes Rudel dieser lustigen Wollknäuel. Dann begannen sie zu tanzen. Den Kindern blieb die Spucke weg. Sich gegenseitig die rosaroten Händchen haltend, drehten die seltsamen Wesen sich anmutig im Kreis und quiekten dazu im Takt. Auf der einzigen auf der Wiese zurückgebliebenen Wolkenhautblase saß das Wollknäuel, das die Kinder geführt hatte. Es dirigierte. Und wie! Sein Schwänzchen sauste durch die Luft, beschrieb elegante Bögen und klopfte den Takt auf der hohlen Blase, die wie eine Trommel dröhnte. Mit einem gemeinsamen Piepsfinale beendeten die tanzenden Wollknäuel ihre nächtliche Ballettvorführung. Die Kinder klatschten begeistert Beifall. Das Wollknäuel auf der Dirigentenblase verbeugte sich höflich, piepste ihnen einen Gutenachtpieps zu und trippelte eilig mit seinen Freunden davon.

Als die Kinder von ihrem nächtlichen Ausflug zurückkamen, lag Knolle schon lange im Bett. Die Bettdecke hatte er über den Kopf gezogen. „Sehen aus wie Mäuse, unsere neuen Freunde …", murmelte Marcel. Bald darauf war er eingeschlafen.

Knolles heimliche Luftfahrt

Wochen verstrichen, längst hatten die Kinder aufgehört, die Tage zu zählen. Sie hatten sich daran
gewöhnt, jeden Morgen einigermaßen pünktlich zur
Schule zu gehen. Es waren gemütliche Schulstunden.
Lehrer Gluckerkorn erzählte immer lustige Geschichten
und war redlich darum bemüht, seinen Schülern stun-
denplanmäßig das Lachen beizubringen. Ganz anders
Willibald Eisenbeiß. Hinter seiner Zeitung versteckt, löste
er zwischendurch immer mal schwierige Rechenaufgaben
und brachte den Kindern sogar das Rechnen bei. Besonders Knolle hatte ihn in sein Herz geschlossen. Denn als er
damals den Fußball über den Wolkenrand hinausgekickt
hatte, war Lehrer Eisenbeiß so freundlich gewesen, den
Jungen seinen Ball zu leihen. Und seit dieser Zeit spielte er
selbst mit ihnen Fußball.

Immer, wenn Knolle die beiden Wolkenschiffsmasten
sah, beschlich ihn ein seltsames Gefühl. Oft schien es
ihm, als würden sie ihm lockend zuwinken. Sehnten
sich die festgebundenen Wolkenschiffe nach ihren Kameraden, den Wolken, dem gemeinsamen Sausen im
Sturmwind?

Eines Tages, als wieder einmal besonders heftige Sturm-
böen die Wolke durchrüttelten, entschloss sich Knolle,
die Wolkenschiffe loszubinden. „Diese armen Gesellen",
dachte er, „schon seit Wochen hängen sie hier fest und

müssen zusehen, wie ihre lustigen Kameraden ringsum durch die Lüfte tanzen!"

Aber der Grund für diese Überlegungen war nicht nur Mitleid mit den Wolken, sondern auch eine gute Portion Neugier und Unternehmungslust. Mit einem wagemutigen Satz sprang Knolle zum ersten Wolkenschiff hinüber. Atemlos stand er auf dem leeren Deck. Der Augenblick schien günstig, um das Seil loszuknüpfen und die Segel zu hissen und unbemerkt einen kleinen Sonderausflug zu unternehmen. Knolle hielt vorsichtig nach allen Seiten Ausschau, dann löste er in Windeseile das Seil vom Mast und warf es hinüber zur Wolke. Auch das zweite Wolkenschiff band er los. „So, jetzt kann's losgehen!", jauchzte der kleine Entführer. Natürlich hatte er den Zauberspruch dem Wolkenkönig abgelauscht. Er stampfte mit dem Fuß fest auf und flüsterte:

„Meine Wolke, schweb in die Höhen, sausend und brausend, in eiligem Flug! Trag deinen Meister, als hilfreicher Geist, empor zu den Sternen!"

Und wirklich, das Schiff schwebte senkrecht in die Höhe und segelte davon, die Segel prall gefüllt mit frischem Wind. Das Steuerrad war fast zu groß für Knolle. Doch wenn er sich mit aller Kraft in die Speichen stemmte, konnte er es ein wenig nach links oder rechts drehen.

Bald lag die Wolkenstadt weit hinter ihm. Der Wind blies gleichmäßig, und das Schiff gewann ständig an Höhe. Knolle wagte einen ersten Blick über den Schiffsrand. Nanu, er flog jetzt über ein mächtiges Gebirge, und der

Abstand bis zu seinen weißen Gipfeln schien kleiner zu werden. „Entweder wir verlieren an Höhe, oder die Berge werden höher", dachte Knolle.

Hell leuchteten schneebedeckte Hochflächen und saftig-grüne Bergabhänge zwischen dunklem Felsgestein. Weit in der Ferne tauchte ein riesiger Berg auf, der all die anderen Gipfel überragte und dessen Spitze von grauschwarzen Wolken fast verhüllt war. Knolle drehte das Steuerrad, und das Schiff beschrieb einen weiten Bogen. Es sank wirklich langsam ab. Schon konnte Knolle träge wiederkäuende Kühe erkennen, die Holzhäuser der Bergbewohner und ausgefahrene Bergstraßen. „Auf, auf, du Faulpelz!", brüllte Knolle missmutig. „Sausend und brausend, in eiligem Flug!" Ungeduldig gab er dem Mast einen Klaps. Kaum hatte er das getan, als das Segel sich bis zum Zerplatzen mit Sturmwind füllte. Der hölzerne Mast bog sich so stark durch, dass seine Spitze beinahe das Schiffsheck berührte. Das Wolkenschiff jagte fast senkrecht in die Höhe, und Knolle wurde von den rasenden Winden zu Boden geworfen. „Halt, halt!", schrie er voller Angst. „Langsam, liebe Wolke, langsam!" Doch das Schiff war nicht mehr aufzuhalten. Es schien, als fliege es einem unbekannten Ziel entgegen. Knolle kroch bis zum Steuerrad vor und versuchte, daran zu drehen. Doch es bewegte sich keinen Fingerbreit. Die Wolke selbst schien das Kommando übernommen zu haben. „Vorsicht, liebe Wolke, ein dicker Berg!" Knolle klammerte sich an das Steuerrad und starrte nach vorne, wo der von den grauen Wolken verhüllte Berg immer deutlicher zu erkennen war. Je näher sie ihm kamen, desto schneller flog die Wolke, und ihr Mast zitterte vor Aufregung.

Um den Berggipfel tollten kleine Regen- und Gewitterwolken. Sich gegenseitig jagend und stoßend, vollführten sie ein Heidenspektakel. Es waren junge Wolkenkinder, die oft zusammenkamen, um gemeinsam einen Nachmittag lang nur Unfug zu treiben, zu pusten, Blitze zu schleudern und dicke Regentropfentränen zu lachen.

Da konnte sich auch das Wolkenschiff nicht mehr zurückhalten, es war zwar älter und etwas gesetzter, doch bei diesem lustigen Fest – da musste es einfach mitmachen!

Für Knolle war das natürlich ganz und gar nicht lustig, und der ganze Spaß schien ihm nur eine Bosheit der beleidigten Wolke zu sein. „Liebe, liebe Wolke, du bist kein Faulpelz, entschuldige, aber bitte, flieg doch nicht so schnell!" Knolle bat die Wolke vergebens, die war ganz verrückt vor Tanzwut, und das Brausen des Fahrtwindes verwehte Knolles Hilferufe. Das Wolkenschiff stürzte sich mitten hinein ins tollste Treiben.

Das war natürlich eine böse Überraschung für die lustigen Wolkenkinder: Ein weißer Wolkenonkel wagte es, sie bei ihrem Fest zu stören und ihnen ihre Tanzstimmung zu verderben! „Der soll was erleben!", zischten sie einander in die nassen Wolkenohren. Mit aller Kraft sogen sie pechschwarze Gewitterluft in ihre grauen Körper, und auf ein Zeichen pusteten sie sie von allen Seiten dem Wolkenschiff entgegen. Das war nun doch zu viel für das geplagte Segel: es zerplatzte mit einem lauten Krach, und die Fetzen wurden vom Wind fortgerissen. Die Wolke taumelte, vom Sturmwind gepackt, hinab auf die messerscharfe Bergspitze zu. Knolle hielt den Atem an und hielt sich am Mast fest. Schon war der Gipfel nur noch wenige Meter vom abstürzenden Schiff entfernt, da wurde dessen Fall stark gebremst, es bäumte sich hoch auf und schwebte schließlich regungslos über dem Berg.

Knolle schlug die Augen, die er vor Angst fest zugekniffen hatte, auf und ließ den Mast los. Vor ihm stand der Wolkenkönig. Er winkte ihm zu. „Steh auf, du Schlingel! Wie bist du denn auf die Idee gekommen, solchen Unsinn zu treiben?" Knolle schaute beschämt zu Boden und murmelte: „Ich dachte, die armen Wolken, da habe ich …" Der Wolkenkönig lächelte und klopfte ihm auf die Schulter: „Na, es ist ja alles noch einmal gut gegangen. Zum Glück war ich gerade dabei, den Regenbogen dort abzustauben, damit man ihn von der Erde wieder bewundern kann. Aber, mein kleiner Freund, ich bin nur bereit, die Sache zu vergessen und dich zu deinen Kameraden zurückzubringen, wenn du mir versprichst, in Zukunft solchen Unfug bleiben zu lassen.

Weißt du, hier oben in meinem Reich hat alles seine Ordnung, jede einzelne Wolke hat ihre Aufgabe, und es darf einfach nicht sein, dass manche Wolken auf eigene Faust herumfliegen und Unfug treiben! Denn was sollen die Menschen da unten von uns denken, wenn während eines Gewitters auf einmal eine weiße Schönwetterwolke zwischen den krachenden Gewitterwolken herumtollt? Die Wetterfrösche auf der Erde haben vor Erstaunen sicher nicht gewusst, ob sie ihr Leiterchen hinauf- oder hinunterklettern sollen. Und auch all die anderen Tiere sind bestimmt erschreckt und verwirrt gewesen! Du versprichst mir also, so etwas nie wieder zu tun?" – „Ja, lieber Wolkenkönig, nie wieder!", sagte Knolle, froh, so glimpflich davongekommen zu sein. „Gut, dann bringe ich dich jetzt zurück zur Wolkenstadt!" Mit seinem wohlbekannten Zauberspruch setzte der Wolkenkönig das Schiff wieder in Bewegung, und es dauerte nicht lange, bis die Stadt in der Ferne auftauchte. Das Schiff wurde langsamer, schaukelte auf die Wolke zu, stieß sanft an und wurde vom Wolkenkönig wieder fest angebunden. Er setzte Knolle hinüber, schüttelte ihm die Hand zum Abschied und verschwand.

Knolle marschierte auf dem steilen Pfad hinauf zur Stadt.

Wenn Wolken weinen

Knolle klopfte ans Tor. Marcel schloss es immer ab, noch ehe die Sonne untergegangen war. Darin drückte sich der ganze Stolz der Kinder aus, eine eigene Stadt zu haben.

„Hallo, hier ist Knolle, bitte aufmachen!" Knolle trommelte gegen das Holz. Ein Schlüssel drehte sich im Türschloss, und die Türflügel wurden aufgestoßen. Marcel stand vor ihm, den Schüssel in der Hand. „Da bist du ja endlich wieder, Knolle! Einfach mir nichts, dir nichts mit den Wolkenschiffen fortzufliegen!" – „Ja, ja, reden wir nicht mehr darüber, es ist alles wieder in Ordnung!", sagte Knolle und zog die beiden Türflügel zu. Marcel schloss wieder ab. Den schweren Schlüssel klemmte er zwischen Gürtel und Hose. „Ja, Knolle, seit deinem Abflug hat sich hier Schreckliches ereignet!" – „Aber ich war doch nur wenige Stunden fort, was kann da schon passiert sein?" – „Nur wenige Stunden, bist du verrückt geworden? Einige Tage musst du unterwegs gewesen sein, seit deiner Abreise ist die Sonne nicht nur einmal auf- und untergegangen!" – „Was? Das ist aber merkwürdig, dann muss das Wolkenschiff der Zeit davongeflogen sein! Marcel, du kannst dir gar nicht vorstellen, wie ungeheuer schnell es durch die Lüfte gerast ist! Und wie ich vor Angst gezittert habe! Nie wieder, Marcel, nie wieder werde ich auf eigene Faust solch eine Wolkenschiffsfahrt unternehmen! Übrigens musste ich dies auch dem Wolkenkönig fest versprechen!"

Knolle blieb stehen und schaute überrascht zu Boden. „Was ist mit unserer Wolkenhaut passiert? Schau doch, sie ist nicht mehr weiß und glänzend, sondern richtig grau und schmutzig!" Er blickte Marcel fragend an. Der nickte. „Ich glaube, unsere Wolke ist sehr traurig geworden, Knolle, grau und finster vor Gram und Enttäuschung. Weißt du, seit einigen Tagen ist unser Städtchen voll Streit, Geschrei und bösen Worten. Angefangen hat alles mit einem freundschaftlichen Fußballspiel zwischen den Jungen vom Hafen und denen der Altstadt. Zuerst haben sie einander angebrüllt, dann gestoßen und schließlich gegen die Schienbeine getreten. Ich kam mit dem Pfeifen gar nicht mehr mit. Und zu guter Letzt kam es zu einer ganz großen Keilerei!" – „Schade, dass ich nicht da war", murmelte Knolle und rieb sich die Hände. „Doch das ist noch lange nicht alles!", fuhr Marcel fort, „seit diesem verflixten Spiel scheinen alle verrückt geworden zu sein. Niemand möchte in die Schule gehen, wie wir es dem Wolkenkönig versprochen haben, nicht einmal Lehrer Eisenbeiß. Gleich nach dem Frühstück zieht er seine alten Fußballstiefel an und rennt wie der Teufel auf den Fußballplatz. Dort bleibt er dann immer, bis der Mond genau über den dunklen Turmzinnen steht. Und natürlich kommt der alte Faulpelz morgens dann nie aus den Federn! Und gestern Nacht, es ist unglaublich, da haben Rix und seine Freunde unseren Konfektladen ausgeplündert! Nicht einen Riegel Schokolade haben sie uns übrig gelassen! Eine Gemeinheit!" – „Nein! Das ist die reinste Unverschämtheit! Sicher haben sie auch alle Karamellbonbons aufgegessen, die Hornochsen! Na wartet!", schrie Knolle und ballte wütend die Fäuste. Traurig und hilflos zuckte Marcel die Schultern und sagte: „Schon seit drei Tagen weint unsere Wolke ununterbrochen!

Sie muss sehr enttäuscht sein. Manchmal ist es, als schluchzte sie, und die graue Wolkenhaut bebt ein bisschen. Wenn wir sie nicht trösten können, wird sie sich bald ausgeweint und völlig aufgelöst haben! Und weißt du, was dann geschieht? Dann stürzen wir mitsamt unserem Städtchen zur Erde hinab. Knolle, wir müssen etwas unternehmen! Wir müssen unsere Freunde unbedingt davon überzeugen, wie wichtig es für uns alle ist, als kleine Stadtgemeinde in Frieden miteinander zu leben!"

Knolle nickte, und die beiden eilten durch die Gassen hinauf zum Rathausplatz.

Zur selben Zeit flog der Wolkenkönig auf einem jungen Kumuluswölkchen an der Wolkenstadt vorbei. Als er sah, wie düster und grau die Wolke zu ihm herüberschaute und wie feucht ihre Wolkenaugen waren, schüttelte er traurig und enttäuscht den Kopf. Tröpfchen rieselten von der Wolke, und wenn ein Windstoß diese erschütterte, verwehten sie und taumelten wie losgerissene Perlenschnüre zur Erde hinab. Und unten ärgerten sich die Menschen über den Regenguss, spannten ihre Schirme auf oder beeilten sich, nach Hause zu kommen. Dann und wann schluchzte die Wolke, und das Fensterglas klirrte.

Wir müssen einfach fröhlich sein

Auf dem Rathausplatz war zu dieser späten Stunde noch allerhand los. Rix stand auf einem Tisch, umringt von Jungen und Mädchen. Er hielt eine Rede.

„… und wir sind nicht Schuld an diesem Streit! Wir wissen doch alle, wie streitsüchtig die Jungen vom Hafen sind! Und Marcel, hat der nicht als Schiedsrichter immer für die anderen gepfiffen? Und jetzt behauptet er, wir hätten alle Karamellbonbons und alle Schokoladentafeln aus dem Laden geklaut! Können wir uns das gefallen lassen? Nein und nochmals nein! Vielleicht hat er sie sogar selbst heimlich aufgegessen! Denn ich …" Mit einem gewaltigen Satz sprang Knolle auf den Tisch, packte Rix am Arm und zerrte ihn herunter. „Herunter mit dir, du Lügner! Du erbärmlicher Karamellbonbondieb, wenn du nicht gleich den Mund hältst, dann …" Die beiden stürzten zu Boden, Knolle versuchte, Rix niederzudrücken, dieser zog ihn an den Haaren, und um die Streithähne tanzten ihre Freunde und feuerten Knolle oder Rix lautstark an. Marcel benutzte die Gelegenheit, selbst auf den Tisch zu steigen.

„Ruhe! Hört doch mal her! Knolle, Rix, bitte! Das kann doch so nicht weitergehen! Wir müssen uns vertragen! Denkt an den Wolkenkönig! Hat er uns nicht ein schönes, ein neues Leben gewünscht? Überlegt doch: Warum bin ich, warum seid denn ihr alle hier oben auf einer Wolke? Waren wir nicht sehr unglücklich auf der Erde, bei den Erwachsenen, in unserer Stadt, die von uns gar nichts wissen wollte, die für uns nichts hatte als Pfiffe, Tritte und böse Worte? Habt ihr sie schon vergessen, die Menschen mit den traurigen Augen, die Polizisten mit ihren gellenden Trillerpfeifen, die staubigen, lärmerfüllten Straßen? Und ich wollte mir und euch den Wunsch erfüllen, den jeder von uns im Innern eigentlich immer schon gehabt hat: Fort vom Lärm, hinaus aus der Enge unserer Stadt, irgendwohin an einen anderen Ort der Welt, um dort freier und fröhlicher sein zu können! Wir haben doch geglaubt, alles viel besser machen zu können als die ungeduldigen und miesepetrigen Erwachsenen da unten! Aber ihr scheint das alles vergessen zu haben. Sogar hier herauf, zu den weißen Wolken, bringen wir nur Zank und Geschrei. Habt ihr denn nicht bemerkt, dass unsere Wolke grau und finster geworden ist? Dass sie still vor sich hin weint und furchtbar traurig ist? Ja, seht sie nur an, die graue Wolkenhaut, wie nass und kalt sie ist! Fühlt ihr das Beben und Schluchzen? Und bald, vielleicht morgen schon, wird sie sich ausgeweint haben, die letzten Regentröpfchen werden zur Erde hinabfallen. Und wenn sie sich auflöst, dann stürzen wir hinab, zurück zu den Menschen auf die Erde, zu ihren Scheltworten, ihrer Traurigkeit! Wollen wir nicht versuchen, neu anzufangen und das Vergangene, den Streit zu vergessen? Freunde, wir müssen einfach fröhlich sein!" – „Marcel hat Recht!", riefen einige Kinder. Die Freunde von Rix schienen nicht so recht zu wissen, was sie dazu sagen sollten. Rix stahl sich unbemerkt fort und verschwand hinter dem Rathaus. Die Kinder gingen wortlos auseinander, sie fühlten, dass Marcel Recht hatte, doch noch nagte beleidigter Stolz tief in ihnen.

Noch lange saß Marcel allein auf einer der breiten Stufen vor dem Rathaus und grübelte vor sich hin. Der Mond lächelte freundlich wie immer, und munter flimmerten die Sterne am Firmament. Marcel sah an ihnen vorbei, starrte in die Nacht, die ihm schwärzer schien als sonst, drohend und finster, als wolle sie das Wolkenstädtchen verschlingen.

Sein Kopf sank nach vorne, schwach blinzelten noch seine Augen, dann war er eingeschlafen.

Jagd auf Hexe Regenwetter

Wolkenschleier schwebten am nächsten Morgen um den Turm. Einige senkten sich herab, hockten auf Kaminen oder benetzten die roten Dachziegel. Gegen Mittag verdichteten sich die nassen Schwaden und zogen über die Hausdächer hinweg. Das erste Mal fiel Regen auf das Wolkenstädtchen. Silberne Bäche plätscherten durch die Gassen und flossen durchs Stadttor hinaus zu den nassgrauen Wolkenwiesen. Auf dem Fußballplatz staute sich das Regenwasser zu einer großen Pfütze.

Ein weites Wolkenfeld hielt die kleine Wolke gefangen. Es waren nicht die jungen, spaßigen Gewitterwolken, sondern alte, träge Gesellen mit wässrigen Backen und triefenden Augen. Richtig langweilige Wolkenonkel, die schläfrig vor sich hin regneten und müde des Wegs zogen.

Alle Gassen waren leer. Die Kinder saßen auf den Zimmern, drückten sich die Nasen an den Fensterscheiben platt oder dösten auf den Betten vor sich hin.

Und doch war jemand im Regen unterwegs. Es war Rix. Nasse Haarsträhnen hingen ihm ins Gesicht und von seiner Nase tropfte das Wasser. Er lief zum Turm. Gleich neben diesem stand ein winziges Häuschen. Die Kinder hatten es nie beachtet, denn es stand etwas abseits, und immer waren seine Fenster mit dichten Läden verschlossen. Von den geborstenen Dachrinnen rieselte das Regenwasser auf den Boden.

Rix rüttelte an den Holzläden. Sie waren fest verschlossen, ebenso die Haustür. Neben dem Kamin hatte das Dach ein Loch. Regenwasser floss am Kamin herab und verschwand im Inneren des Hauses. „Sicher hat der Sturm einen Dachziegel fortgerissen", dachte Rix. Er zog sich an der Dachrinne mit einem Klimmzug aufs Dach hinauf und kroch auf allen vieren hoch zum Kamin. Die Ziegel waren nass und glitschig. Das kalte Wasser floss Rix in den Kragen und kitzelte ihn am Hals. „Pfui Teufel, ihr unverschämten Wolken!", rief er den grauen Gesellen zu, die an ihm vorbeizogen. Dann steckte er seinen Kopf in das Loch neben dem Kamin. Lange lag er so auf den nassen Dachziegeln und rutschte aufgeregt hin und her. Plötzlich rumpelte es laut im Häuschen und aus dem Kamin stiegen Nebelschwaden auf. Doch Rix hatte schon genug gesehen, er glitt das glatte Dach zur Dachrinne herab und sprang von dort auf den Boden. Dann eilte er davon.

Stundenlang hatten Marcel und Knolle beraten, was zu tun sei, um die weinende Wolke zu beruhigen. Denn schon konnte man an manchen Stellen durch sie hindurchsehen, sie hatte Löcher wie ein Schweizer Käse.

Schließlich hatte Knolle eine Idee. „Warum haben wir eigentlich ein Rathaus? Haben wir es jemals benutzt? Nein! Wir versammeln uns alle im Rathaus, und du, Marcel, musst unseren Freunden noch einmal erklären, in welch großer Gefahr wir sind." Marcel war einverstanden. Sofort wurde eine Sitzung einberufen. Marcel hielt eine Rede nach der anderen, doch alles scheiterte an der immer wieder gestellten Frage: Wer ist Schuld am Streit? Wer muss bestraft werden? Nach zwei Stunden war Marcel heiser. Knolle redete für ihn weiter:

„Wer Schuld ist, fragt ihr, wer angefangen hat mit der Keilerei? Freunde, so dürfen wir nicht fragen, so werden wir ewig weiterzanken! Den Karamellbonbon- und Schokoladendieb sollen wir bestrafen, ihr Hornochsen?! Ich esse auch gerne Karamellbonbons, jawohl, aber bestrafen, nein, das wäre völlig falsch! Was hat euch denn auf der Erde so geärgert an euren Lehrern, euren Eltern, am Apfelsinenhändler Krottenbusch, an den brüllenden Polizisten? Na? Bestraft haben sie uns, die Erwachsenen, eingesperrt haben sie uns, Strafarbeiten mussten wir schreiben, angebrüllt haben sie uns und oft sogar verprügelt! Und was schlagt ihr jetzt vor, ihr Dummköpfe? Bestrafen wollt ihr euch! Seid ihr denn von allen guten Geistern verlassen? Fliegen diese Ochsenschwänze von der Erde zu den Wolken, zu einer Stadt, die nur ihnen gehört – nur um sich zu streiten! Was wollt ihr denn – eine Polizei, die Tag und Nacht durch unsere Stadt schleicht und alle Ecken beschnüffelt? Wir müssen …"

„Schaut mal her, da kommt Rix", rief ein Mädchen in Knolles Redeschwall hinein, „Mann, ist der nass! Gleich muss er da sein!"

Das Mädchen riss das Fenster auf und beugte sich weit hinaus. Und schon flog die Rathaustür auf und Rix stürmte in den Saal. Er schwang sich auf einen Tisch, Wasser tropfte aus seinen Schuhen.

„Wo ich gewesen bin, wollt ihr wissen? Freunde, ich habe den Übeltäter endlich gefunden – gerade noch rechtzeitig." Triumphierend sah Rix sich im Saal um. „Wisst ihr, wer Schuld ist, dass es regnet und wir und all die Wolken traurig sind? Dass wir uns zanken und nicht mehr fröhlich sein können?

Eine Hexe, eine richtig gräuliche und böse Hexe! Oben

beim Turm hat sie ihr Häuschen, und von dort verhext sie uns und die Wolke! Ja, ich habe sie gesehen, mit eigenen Augen! Genau über ihrem Herd, auf dem Dach neben dem Kamin bin ich gelegen und habe ihr beim Hexen zugeschaut. Schon lange hat es mich interessiert, wer dort in dem verschlossenen Haus, neben dem Turm wohnt. Schon oft habe ich eine dünne Wasserspur gesehen, die vom Stadtrand durch die Straßen bis zu diesem Haus führte! Und heute habe ich des Rätsels Lösung gefunden! Jetzt gibt es nur zwei Möglichkeiten: Die Hexe entkommen zu lassen und weiter traurig zu sein, um schließlich mit dem letzten Regentropfen zur Erde hinabzustürzen – oder das böse Weib zu fangen und für immer im finsteren Turmgewölbe einzusperren! Was meint ihr?"

„Fangen und einsperren! Fort mit der Hexe! Nichts wie hin!"

Rix teilte die Kinder in drei Gruppen auf, jede sollte sich dem Hexenhaus von einer anderen Seiten nähern. Rix mit seinen Freunden von vorne, Marcel von der offenen Seite und Knolle von hinten.

Ganz ohne Lärm ging es natürlich nicht. Immer wieder rutschte jemand aus oder stapfte laut platschend durch eine der vielen Pfützen und Wasserrinnen. Gleichzeitig erreichten die drei Gruppen das Häuschen. Die Kinder fassten sich an den Händen und bildeten so einen engen Kreis. Das Haus war umstellt. „Wir müssen sie aus ihrer Hexenküche herauslocken und dann sofort packen, wenn sie die Tür öffnet! Am besten an ihrer langen Nase! Ich weiß auch schon, womit wir sie ärgern können. Hört mal her:

Hexe, Hexe, komm heraus
aus deinem alten Hexenhaus!
Auf die Tür, geschwind, geschwind,
zeig her die lange, krumme Nase!

Passt auf, gleich wird sie böse!" Rix zuckte zusammen. Ein schrilles Lachen ertönte, und aus dem Kamin kroch eine dicke, undurchsichtige Nebelwolke, die sich langsam auflöste. Auf dem Kamin saß die Hexe. Spöttisch blickte sie auf die Kinder herab. Sie war offensichtlich bei der Arbeit gestört worden, den hölzernen Rührlöffel hatte sie noch in der Hand, und aus ihrem zerrissenen Kleid tropfte das Wasser. Die Hexe hatte eine wirklich grässliche Stimme! „Ha, ha, ihr erbärmlichen Wichte", kreischte sie, „was wollt ihr von der Hexe Regenwetter? Wolkendampf und Donnerknall!" – „Fangen und in den Turm einsperren wollen wir dich, du hässliche Hexe!", riefen die Mädchen im Chor.

„Fangen? Einsperren? Mich?" Die Hexe auf ihrem Schornstein brach in schrilles Gelächter aus. Den Kindern lief es kalt den Rücken hinunter. „Regenplatsch und Wolkenbruch! Ho, ho, ho, passt nur auf, dass ich euch nicht in eiskalte Hagelkörner verhexe! Wenn euch meine lange Nase nicht gefällt, dann haltet wenigstens den Mund! Frechheit! Alle hundert Jahre muss ich mich einmal ärgern – und wisst ihr, wie viel Jahre seit dem letzten Mal vergangen sind? Erst 93 Jahre! Und nun soll ich wegen euch eine Ausnahme machen? Feuerblitz und Hagelwetter! Warum wollt ihr mich eigentlich fangen? Dass ich nicht lache! Sagt aber, warum eigentlich, ihr elenden Wichte?" – „Das weißt du ganz genau, Regenhexe! Du hast uns und die armen Wolken verhext! Ja, traurig und streitsüchtig hast du uns gemacht!" Weit riss die Hexe Regenwetter ihre katzengrünen

Augen auf, vor Erstaunen blieb ihr Mund offen, dass die Kinder die spitzen Mauszähne sehen konnten. „Was? Ich habe euch verhext? Euch traurig gemacht? Jetzt schlägt's aber dreizehn! Wolkenbruch und – oh, ihr erbärmlichen Menschlein! Immer, wenn ihr Streit miteinander habt und traurig seid, muss jemand anderes daran Schuld sein! Natürlich ist es am einfachsten, wenn alle sagen: die Hexe war's! Aber zum Kuckuck, warum denn gerade ich, die Hexe Regenwetter? Weil ich alt und hässlich bin und eine lange, krumme Nase habe? Das weiß ich, Kinder, und oft bin ich sehr traurig darüber."

Dicke Krokodilstränen rollten über die faltigen Backen der Hexe und tropften auf das Dach. „Aber ich bin selbst Schuld daran. Vor vielen, vielen Jahren war ich eine junge, weiße Schönwetterwolke – doch ich war immer frech und wollte nur tanzen und Unfug treiben. Bis es dem Wolkenkönig zu bunt geworden ist. Hat mich einfach in eine Hexe verwandelt. Und zur Strafe habe ich diese rote und krumme Nase bekommen."

Die Hexe wischte sich die Tränen aus den Augen. „Ihr könnt euch nicht vorstellen, was ich Tag für Tag schufte! Kesselweise muss ich Regendämpfe sieden, sie zu den Wolken schleppen und diese damit voll füllen. Zweihundertsiebenundzwanzig Jahre geht das schon so! Und wehe, wenn ich einmal einen Kessel zu wenig koche! Sofort ist er da, der Wolkenkönig und brummt mir weitere zehn Jahre auf! Und ich bin doch so vergesslich! Regen ist eben wichtig. Es gibt so viele Gärten, Wiesen und Wälder da unten auf der Erde! Die sind immer durstig und scheinen nie genug zu kriegen. Besonders schrecklich ist es im Winter: Schneeanrühren und danach zu Flocken schlagen! Puh, da ist es so kalt, dass meine Nase ganz steif wird und zu einem Eiszapfen gefriert!

Und wenn mir beim Kochen einmal das Regenwasser-dampfpulver ausgeht – dann muss ich die Wolken so lange durch die Lüfte hetzen, bis sie Regentropfen schwitzen! Ein scheußliches Leben ist das, liebe Kinder! Aber vielleicht hat der Wolkenkönig Mitleid mit mir und verkürzt meine Strafe um einige Jahre. Das wäre herrlich! Ich könnte wieder tanzen und mit meinen Freunden um die Berggipfel brausen! Also Kinder, packt euch an eurer eigenen Nase! Nicht ich habe euch verhext! Vergesst euren Streit und seid wieder lustig und vergnügt! Ihr seid doch noch jung, genau wie ich vor zweihundertsiebenundzwanzig Jahren! Aber Vorsicht, treibt's nicht zu wild. Denkt an meine krumme Nase! Und nun auf Wiedersehen, ich muss leider wieder an die Arbeit! Doch merkt euch: Die Wolken rings um euer Städtchen, die regnen, aber diese hier – die weint! Regenschirm und Wasserpfütze!" Sie kroch in den Schornstein zurück, und gleich darauf keuchte sie aus der Haustür und rumpelte mit zwei schweren Kesseln auf den Schultern davon.

„Sollen wir ihr nicht helfen? Seht doch, wie sie humpelt!" Doch die Hexe war schon um die Ecke. „Meint ihr, der Wolkenkönig hat Mitleid mit ihr? Sie hätte es bestimmt verdient! Hoffentlich habe ich sie nicht zu sehr geärgert, die arme Hexe!", sagte Rix. „Wir werden uns erkälten bei diesem scheußlichen Regenwetter! Meine Schuhe sind randvoll mit Wasser!" Knolle planschte die Gasse hinunter. „Und übrigens gibt's jetzt Abendessen!", sagte Marcel. „Hexenjagd macht hungrig …", meinte die dicke Rosina und schielte boshaft zu Rix hinüber.

Die Kinder dachten an das wunderbare Zaubertischabendessen und beeilten sich, nach Hause zu kommen.

Fehlt etwas?

Es schien, als habe die Begegnung mit der Hexe Regenwetter die Kinder zur Vernunft gebracht. Beim Abendessen ging es wieder richtig lustig zu. Knolle sorgte für Stimmung und erzählte eines seiner Schauermärchen, in denen es nur so wimmelte von Ungeheuern, langgeschwänzten und geflügelten, Räubern mit sieben und noch mehr Messern, schwarzen, schleichenden Katzen, gruseligen Gespenstereulen und noch vielen anderen sonderbaren Fabelwesen.

„Ja, das waren noch Zeiten, als ich mit meinem Rollschuhpferd Knatterschweif um die halbe Welt gereist bin!", sagte Knolle großartig. „Aber hier oben, da gibt's nicht einmal einen Apfelsinenhändler, den man so richtig ärgern kann! Ich würde ihn gerne mal wieder sehen, den brummigen Alten!"

„Kannst du dich noch an die bunten Festzüge erinnern, Marcel?", fragte Rix. Marcel nickte. „Oh ja, an der Spitze marschierte immer der dicke Trommler, dann kamen die lustigen Hampelmänner mit ihren goldenen Trompeten und ganz hinten die von Zirkuspferden gezogenen Tierkäfige. Der eingesperrte Löwe hat immer missmutig gebrüllt – es hörte sich an wie die Sirene eines Dampfers, der in unseren Hafen einläuft! Alle Leute hatten Respekt, manche sogar Angst vor ihm, dem König der Tiere!" – „Sonntags war ich oft im Zoo oder im Stadtpark!", seufzte Winnibald.

„Mein Vater hat mich auf seine Schultern gepackt und im Galopp an den Käfigen oder Parkbänken vorbeigetragen! Was er jetzt wohl macht? Ob er noch mit seinem alten Fahrrad morgens um fünf zur Arbeit fährt? Und meine Mutter – wie gern würde ich wieder einmal ihren herrlichen, goldgelben Käskuchen essen!" – „Schmeckt euch das Essen hier oben nicht, ihr Schleckermäuler?", fragte Rosina und stopfte sich ein Riesenstück Erdbeerkuchen in den Mund. „Doch, doch – aber es ist eben nur ein gewöhnliches Essen, es steht plötzlich da – morgens, mittags, abends – natürlich schmeckt es gut, und ich bin immer satt, aber irgendetwas fehlt doch …" – „Meine Mutter hat mir das Frühstück immer ans Bett gebracht, die Milch, den Honig und die Brötchen, schön geordnet, auf einem polierten Tablett", piepste Lolo, die kleinste der Kinder. „Du bist ja auch noch ein winzigkleiner Knopf!", lachte Knolle. „Ich musste morgens früh aufstehen. Um mich richtig wach zu kriegen, steckte ich den Kopf ins Regenfass hinterm Haus – und dann nichts wie ab zum Milchholen! Die Brötchen gab's beim Bäcker Semmelweck, gleich um die Ecke, und wenn ich zurückgekommen bin, hatte meine Mutter schon den Tisch gedeckt. Ich hatte einen Teller und eine Tasse, die nur mir allein gehörten. Irgendein Künstler hatte ein Segelschiff draufgemalt, es schwamm auf dem blauen Meer, und am Steuerrad stand der alte Käpt'n, die Mütze schief auf dem Kopf, und schmauchte sein Pfeifchen. Und einmal habe ich aus Versehen eine Tasse zerbrochen, so eine mit den vielen verrückten Blümchen, so'n hässliches Ding", knurrte Knolle, „da hat mich meine Mutter verprügelt – damit ich besser aufpasse in Zukunft, meinte sie, mein Hintern sah aus wie 'ne halbreife Tomate, Freunde, grünrot gestreift wie ein Fußballhemd!" – „Hier oben gibt's so was natürlich nicht!", sagte Marcel. „Noch nicht", dachte er für sich und erinnerte sich traurig an die zurückliegenden Tage. „Aber dafür gibt es auch andere schöne Dinge nicht!", piepste Lolo, sie krabbelte unter den Tischen und knüpfte leise die Schuhbänder der Jungen und Mädchen auf. „Schaut zum Fenster hinaus: Wo sind die grünen Bäume, die weichen Wiesen oder die bunten Felder, die man hier oben nur aus der Ferne sieht? Ich möchte mal mit einem Eichhörnchen um die Wette klettern oder im Wald Pilze und Brombeeren sammeln! Dort drüben hockt wieder so ein missmutiger, plärrender Wolkenonkel – von unten habe ich wenigstens sein trauriges Gesicht nicht gesehen!" – „Seit wann gibt es in unserer Stadt Wiesen, Felder, Pilze und Brombeeren? Statt Bäume stehen dort Ampeln, Brombeeren findet man keine in den staubigen Straßen, statt Pilze bekommt man Kopfnüsse!", widersprach Rix. „Das stimmt!", riefen die Kinder. „Lolo hat trotzdem Recht", meinte Knolle, „es wird Zeit, dass wir zur Erde zurückfliegen und den Menschen zeigen, was Fröhlichsein heißt! Und lachen sollen sie wieder!" Als Knolle dies sagte, hörte die Wolke zu regnen auf, die letzten Regentränen tropften aus ihren Augen, und den dicken Wolkenmund verzog sie zu einem glücklichen Grinsen.

„Es hat zu regnen aufgehört, und unsere Wolkenhaut – sie ist wieder weiß und leuchtet wie frischer Schnee!" Die Kinder rissen die Tür auf und liefen über den Platz und die Gasse hinunter zum Stadttor. „Hurra! Hurra! Wir sind gerettet! Unsere liebe Wolke weint nicht mehr! Hurra!"

Auch die vielen anderen Wolken hatten nun aufgehört zu regnen und lösten sich langsam auf. Hexe Regenwetter hatte von höchster Stelle den Befehl bekommen: Regenproduktion einstellen! Freudig schrieb sie dem Wolkenkönig ein Dankeskärtchen und sank dann erschöpft auf ihr Hexenbett.

„Kommt auf den Turm!", rief Marcel. „Man kann die Erde wieder sehen!" Die Wolke schwebte genau über einer großen Stadt. „Unsere Stadt! Wir fliegen über unsere alte Stadt! Und das Meer! Im Hafen liegt die dicke Emma, der morsche alte Pott! Unsere Burg ist auch noch da, und auch der Park mit dem grauen Steinritter!" – „Ach, warum habe ich keine Flügel wie ein Vogel!", rief ein Junge. „Ich würde pfeilschnell zum Meer hinabfliegen und tief ins Wasser tauchen! Und schwimmen und schwimmen, bis weit hinaus zum Leuchtturm!" – „Ich bin todmüde", sagte Knolle. Er gähnte, und sein Mund war so groß wie ein Scheunentor. „Pass auf, dass du keine Wolke verschluckst!", sagte Marcel.

Es war schon dunkel geworden, von der Erde herauf blitzten die ersten Lichter der Stadt, und stetig kroch der grelle Lichtkegel des Leuchtturms über die glatte Meeroberfläche.

Die Kinder stiegen die Wendeltreppe hinab und machten sich auf den Heimweg. Am Schulhaus waren schon die Läden zugezogen, und an der Tür hing ein Zettel. In krakeliger Schrift stand darauf:

Bin leider erkrankt – habe Schnupfen und Hexenschuss. Herr Triffgenau wird mich vertreten!

W. Eisenbeiß

„Sicherlich hat unser lieber Lehrer Eisenbeiß zu viel Fußball gespielt bei diesem Regenwetter!", sagte Rix, und Lolo wisperte besorgt: „Einen heißen Tee werd ich ihm machen, dem Armen, einen Pfefferminztee." – „Herr Triffgenau wird ihn vertreten! Wenn ich an den Tatzenstock denke – brr. Das kann ja heiter werden!", sagte Rix. „Du, Marcel, was ist drei mal vier?", fragte Knolle. „Das ist doch klar – lass mich mal überlegen – drei mal vier, ja vier mal drei gibt – natürlich, das macht elf! Lächerlich, so was!" – „Dann sind wir ja gut vorbereitet für morgen!", sagte Knolle zufrieden. „Du sitzt doch neben mir?" – „Klare Sache, geht in Ordnung! Gute Nacht, Knolle!" Über die Wolkenwiesen vor den Mauern der Stadt huschten wieder die Wollknäuel. Ihre Wattefellchen, Rüssel und Pfötchen waren wieder trocken, und die nackten Schwänze pfiffen durch die Luft. Die ersten Tänzchen wurden versucht, noch etwas unsicher im Takt, hier ein Trappel zu viel, dort ein Schrittchen zu wenig, aber bis Mitternacht würden sie wieder wie früher über die silbernen Wiesen tanzen.

Der alte Mond rückte seinen Himmelsstuhl zurecht, zündete sich ein Pfeifchen an und wartete gespannt auf den Beginn der nächtlichen Ballettvorführung.

Schwierige Aufgaben

Gleich ist er da! Er kommt die Gasse herauf, jetzt geht er über den Platz – jetzt sehe ich ihn nicht mehr! Schnell auf die Plätze!" Knolle schloss das Fenster und setzte sich eilig an seinen Tisch. Die Tür wurde mit einem Ruck geöffnet, und Lehrer Triffgenau trat mit seinem Tatzenstock unter dem Arm in den Raum. „Tatsächlich, wie 'ne Krähe …", murmelte Knolle. Vorsichtig schielte er zur Tür.

„Guten Morgen! Wie ihr alle wisst, liegt mein Kollege Eisenbeiß mit Schnupfen und Hexenschuss im Bett. Seine Rechenstunde übernehme deshalb ich. Mein Name ist Triffgenau", er legte seinen Tatzenstock auf das Katheder, „eure Namen werde ich bald erfahren. Beginnen wir mit dem Einmaleins. Wie mir Kollege Eisenbeiß versicherte, habt ihr das ja gründlich geübt! Nicht wahr?" Alle nickten eifrig.

„Wir werden sehen. Nun, du da vorn in der ersten Reihe, fangen wir mal ganz leicht an: was macht zwei mal zwei?" Er deutete auf Knolle. Der stieß Marcel in die Rippen und zischte: „Los, sag schon!" – „Vier", sagte Marcel laut. „Dich habe ich nicht gefragt!", schimpfte Lehrer Triffgenau. Sausend schlug er mit dem Tatzenstock durch die Luft. „Du Trottel, mir sollst du es sagen, und leise!", flüsterte Knolle wütend.

„Na gut. Etwas anderes. Was macht drei mal sieben?" Knolle puffte Marcel in den Bauch. „Zweiundzwanzig", flüsterte dieser darauf unsicher.

„Macht ganze zweiundzwanzig!", sagte Knolle stolz. „Sapperlot!", rief Triffgenau erzürnt. „Einundzwanzig natürlich! Nun aber eine schwierige Aufgabe für die besseren Rechner unter euch." Und mit boshaftem Unterton fuhr er fort: „Mal sehen, wer zuerst die Lösung findet! Wie schwer ist ein Zehn-Gramm-Stein, wenn ein halb so großer Stein fünf Gramm wiegt?"

Die Kinder waren höchst erschreckt. „Solche Aufgaben sollen wir lösen?", brummte Rix. „Haben wir nie geübt!"

„Ruhe da hinten, sapperlot noch mal! Auf der Stelle wird jetzt gerechnet!" Zögernd hob Rosina den Arm. „Ja bitte?", fragte Lehrer Triffgenau. „So um die acht Gramm", sagte Rosina. „Ne, ne, warte mal, das müssen mindestens zwölf Gramm sein! Ist doch klar!", rief Rix. Vorn schnalzte Hubert wie wild mit den Fingern. „Ich hab's! Zwanzig Gramm natürlich! So'n Stein ist doch ganz nett schwer!"

„Sapperlot, sapperlot und nochmals sapperlot! Wo gibt's denn so was! Das ist mir noch nie vorgekommen!" Lehrer Triffgenau war außer sich vor Entsetzen. „Ein Zehn-Gramm-Stein wiegt keine acht, keine zwölf und auch keine zwanzig Gramm, sondern …" – „… drei Gramm?", piepste Lolo unterm Tisch hervor. „Nein! Nein! Eben ganze zehn Gramm! Was hat Kollege Eisenbeiß euch eigentlich beigebracht?" – „Der hat einen Schuss im rechten Bein, kann ich Ihnen sagen – glänzend!", rief Knolle eifrig. „Das ist ja zum Verrücktwerden! Lernen sollt ihr, nicht nur Fußball spielen! Davon kriegt man nur Schnupfen und Hexenschuss!" Die Kinder kicherten. „Ruhe, sapperlot! Glaubt ihr etwa, dass ihr gescheiter seid, weil ihr auf den Wolken über den Menschen wohnt? Falls ihr einmal auf die Erde zurückkommt, haut euch jeder Apfelsinenhändler dreimal übers Ohr, wenn ihr nicht einmal das Einmaleins könnt. Mit diesem Tatzenstock sollte man euch …" – „Der Wolkenkönig kommt! Der Wolkenkönig kommt! Auf einer kleinen Wolke kommt er angeflogen, gleich wird er auf dem Rathausplatz landen!" – „Sapperlot, Ruhe!!", brüllte Lehrer Triffgenau. „Jetzt ist er gelandet! Er steigt aus, er geht auf unser Schulhaus zu, er …" – „Sapperlot, zum allerletzten Mal, sapperlot! Verflixte Rasselbande! Jetzt wird gerechnet! Und zwar das Einmaleins! Nicht gemuckst da hinten! Also, was macht …" Leise öffnete sich die Tür, und da stand der Wolkenkönig, mit seinem flauschigen Mantel und der prächtigen Kumuluskrone.

Die Hoffnung des Wolkenkönigs

„Guten Tag, liebe Kinder, guten Tag, mein lieber Triffgenau! Wie geht's euch denn?" – „Wunderbar!", riefen die Kinder. „Hundsmiserabel!", knirschte Lehrer Triffgenau, und Lolo piepste: „Es regnet ja auch nicht mehr, Herr Wolkenkönig! Unsere Wolke ist wieder ganz weiß!" – „Das freut mich sehr, denn ich war sehr traurig, als ich sah, wie bitterlich meine Wolke geweint hat! Und meine sausenden Wolkenboten haben mir berichtet, dass meine kleinen Freunde untereinander uneins geworden sind. Ich war damals auf der jährlichen Rundreise durch mein großes Königreich, durch all die weiten Wolkenfelder, und mein Kummer war so groß, dass ich sogar vergessen habe, meine geliebten afrikanischen Regenbögen zu besuchen!"

„Ja, mein lieber Wolkenkönig", antwortete der stille Dagobert, „es waren böse Tage hier auf der Wolke, als wir uns gestritten haben! Aber schließlich haben wir gemerkt, dass wir selbst an unserem Unglück Schuld sind und versuchen müssen, uns das Leben gegenseitig schön zu machen!" Und Marcel fügte hinzu: „Jetzt wissen wir auch, dass es nicht genügt, das Schöne einfach woanders zu suchen, sondern dass man überall fröhlich sein kann!" Knolle schließlich versicherte mit selbstbewusstem Blick: „Wenn wir auch das Fußballspielen dem Rechnen und Rechtschreiben vorgezogen haben – so haben wir aber alle bald gemerkt, dass auch Fröhlichkeit gelernt sein will!"

„Meine lieben Kinder, das, was ihr mir jetzt erzählt habt, macht mich sehr glücklich, und ich will euch nun meinerseits berichten, was es mit dieser Wolke und eurer kleinen Stadt eigentlich auf sich hat.

Ihr wisst schon lange, dass man mich den Wolkenkönig nennt. Und so lange es Wolken unter den Sternen gegeben hat, habe ich über sie regiert und mich um sie gekümmert. Es sind alle meine Kinder, und nicht mal der Allerkleinsten darf etwas zustoßen! Natürlich hat es die Wolken schon gegeben, als noch keine Menschen auf der Erde lebten, und so konnte ich von hier oben genau beobachten, wie die ersten Menschen Häuser gebaut haben, mit kleinen Schiffen die Meere überquerten oder auf steilen Berggipfeln Burgen bauten. Ich habe gesehen, wie sie sich geplagt haben, wie glücklich sie waren und wie traurig. Und so bin ich hinabgeflogen zur Erde, die von hier so wunderschön bunt anzusehen ist, bin unter die Menschen gegangen und habe versucht, herauszufinden, warum sie meist traurig und selten fröhlich sind. Da habe ich bemerkt, dass die Länder und Staaten der Erde meinem eigenen Wolkenreich sehr ähnlich sind. Aber immer habe ich die Kinder der Menschen bewundert, die so lustig und fröhlich sein können, und oft habe ich die Erde nur besucht, um Kinder lachen zu hören. Die Menschen sind wie die Wolken: in der Jugend hell und glänzend vor Fröhlichkeit, und wenn sie älter werden, grau vor Kummer, griesgrämig und mit traurigen Gesichtern. Natürlich gibt es immer wieder Menschen und Wolken, die jung und fröhlich bleiben, aber die sind leider sehr selten. Und da habe ich lange, lange überlegt, wie ich den Menschen helfen könnte, und schließlich ist mir etwas eingefallen: Auf diese Wolke hier habe ich eine kleine Stadt gebaut – das war vor vielen hundert Jahren – und dann und wann fliege ich zur Erde hinab und kehre mit einigen Kindern hierher zurück. Meine Hoffnung, dass es den Menschen einmal gelingen wird, ohne Streit und Kummer miteinander zu leben, hat Jahrhunderte überdauert, und sie dauert fort. Aber noch zu oft wünschen Kinder, die die Streiterei und Ungeduld der Erwachsenen täglich ertragen müssen, dass es einen Ort gibt, an dem sie den ganzen Alltag des bisherigen Lebens vergessen können, um frei und fröhlich miteinander zu sein. Aber immer haben sie rasch bemerkt, dass sie auch selbst fröhlich sein müssen, und haben schließlich, wie ihr, an die Menschen, an ihre eigenen Eltern gedacht, die dort unten leben und die doch auch nicht traurig sein sollen. Meine kleinen Freunde, glaubt mir, die Erwachsenen – sie brauchen euch! Seit der Zeit, als in ihrer Stadt plötzlich keine Kinder mehr zu hören waren und also auch kein Lachen, sind sie noch betrübter geworden und haben alle Hoffnung verloren!" – „Stimmt das wirklich, Herr Wolkenkönig?", fragte Lolo ungläubig. „Ja, ich habe das von oben genau gesehen, die vielen Tränen, die sie vergossen haben!" – „Dürfen wir dann mit den Wolkenschiffen zur Erde zurückfliegen?", fragte Marcel. Und Knolle rief fröhlich: „Damit unsere Eltern einmal von uns lernen, wie schön es auf der Erde sein kann! Lieber Herr Wolkenkönig, wann geht es los?" – „Wann immer ihr wollt! Ihr braucht es nur zu sagen!" – „Gleich morgen! Seid ihr damit einverstanden?", fragte Marcel seine Freunde. „Ja! Natürlich sind wir einverstanden!", jubelten alle Kinder begeistert. „Morgen Abfahrt mit den Wolkenschiffen an der Landestelle vor dem Stadttor! Gleich nach dem Frühstück. Gute Nacht, Kinder – und seid pünktlich! Mein lieber Triffgenau, es ist wohl besser, den Rechenunterricht zu beenden!" – „Umso besser!", murmelte Lehrer

Triffgenau. „Und wünschen Sie Ihrem kranken Kollegen eine gute Besserung von mir!" Der Wolkenkönig hob die Hand zum Abschied, bestieg sein kleines Wolkenschiff und segelte davon.

Guten Tag, Herr Krottenbusch

Die Kinder waren pünktlich zur Stelle. Der Wolkenkönig hatte die beiden Wolkenschiffe bereits losgebunden und sie durch das Landebrett mit der Wolke verbunden. „Fällt euch der Abschied nicht schwer?", fragte er. „Ein wenig schon", sagte Marcel leise. Die ersten Sonnenstrahlen blinzelten über die Mauerkronen, und der über der verlassenen Stadt schwebende Mond entschwand im lichten Morgengewölk. „Aber wir freuen uns alle auf unsere Eltern!", sagte er. In diesem Augenblick begann der Boden unter den Kindern zu wanken, wogte auf und ab, und wieder wuchsen Blasen aus der Wolkenhaut. Sie zerplatzten gleichzeitig, und vor den Kindern hockten die Wolkentiere. Und der Wollknäuel, der damals die Kinder zu der Wolkenwiese geführt hatte, trippelte zum Wolkenkönig, verbeugte sich und piepste, auf den Hinterbeinen stehend, zu ihm hoch. Der Wolkenkönig beugte sich hinab und hörte aufmerksam zu. Dann sagte er zu den Kindern: „Die lieben Wolkentiere möchten sich von euch verabschieden und euch einen guten Rückflug wünschen!" – „Vielen Dank, ihr netten Tierchen!", riefen die Kinder. – „Aber vorher hätten sie noch gern gewusst, ob es auf der Erde auch solche Tiere wie sie selbst gibt. Wenn ja, sollt ihr diesen Verwandten recht herzliche Grüße von ihnen bestellen." – „Wird gemacht!", sagte Knolle und machte sich einen dicken Knoten in sein Taschentuch. Doch das Wolkentierchen piepste noch einmal. Der Wolkenkönig übersetzte das Piepsen in die menschliche Sprache: „Im Meer hätten sie oft dicke Tiere gesehen, mit glänzenden

Rücken – fern von hier, bei den Eisbergen, im hohen Norden. Sie wollen wissen, ob es auch andere Tiere bei den Menschen gibt, kleinere." – „Das sind die Wale!", sagte Rix. „Aber wenn die Wolke wieder einmal über unsere Stadt hinwegfliegt, sollen sie hinunterschauen und sich die Tiere im Zoo ansehen! Denn in freier Wildbahn dürften sie wohl nur noch wenige entdecken", sagte er mit trauriger Stimme. Der Wolkenkönig erklärte dies den Wolkentieren. „Die Mäuse, Biber und Hamster sind ihnen vielleicht am ähnlichsten!", meinte Lolo. „Auch die Ratten!", lachte Knolle. „All die Nagetiere", ergänzte Marcel. „Wir müssen uns noch für den lustigen Mitternachtstanz bei ihnen bedanken!", sagte ein Junge. „Herzlichen Dank für den schönen Tanz und auf Wiedersehn!", riefen die Kinder. Die Wolkentiere verbeugten sich, und die Jungen und Mädchen kletterten in die Wolkenschiffe.

Dann hatte jeder einen Platz im Schiff gefunden, und der Wolkenkönig stellte sich vors Steuerrad. „Mit dem Fuß stampfen!", rief Knolle. „Wird gemacht!", rief der Wolkenkönig lachend zurück. Er stampfte mit dem Fuß auf den weichen Wolkenschiffsboden und sagte:

„Meine Wolken, schwebt zur Erde,
sausend und brausend,
in eiligem Flug!
Tragt euren Meister,
als hilfreiche Geister,
zurück zu den Menschen!"

Sachte hoben die Schiffe ab, flogen langsam ein paar Meter von der Wolke weg und sanken dann schneller und schneller hinab in Richtung Erde. Als die Kinder einen letzten

Blick zurückwarfen zu ihrem entschwindenden Städtchen, entdeckten sie zwei Gestalten, die auf dem Turm standen und ihnen mit zwei riesigen Taschentüchern nachwinkten. „Lehrer Gluckerkorn und Lehrer Eisenbeiß!", brüllte Rix. „Auf Wiedersehen!", riefen die Kinder.

Die Hexe Regenwetter hatte die Abfahrt der Kinder verschlafen. Mit angezogenen Beinen lag sie auf ihrem harten Hexenbett, und ihr Kopf ruhte auf dem leeren Wasserkessel. Vier Tage würde sie schlafen, und in ihren Träumen jagte sie mit ihren Kameraden um die Berggipfel, war sie wieder jung und ausgelassen.

Der größte Teil der Stadt lag noch im Morgenschlaf, nur auf der langen Hauptstraße war schon dichter Verkehr. Der Sonnenball war eben erst aus dem dunkelgrünen Meer aufgetaucht und schwamm rot glühend auf der Wasseroberfläche.

„Wo werden wir landen?", fragte Rix. „Dort, wo wir abgeflogen sind – im Park." – „Das ist sehr gut, von dort ist es nicht mehr weit bis zu mir nach Hause! Und wisst ihr, bei wem ich auf dem Heimweg vorbeischaue? Beim Apfelsinenhändler Krottenbusch! Dem habe ich nämlich seine Ladenscheibe eingeworfen – ich werde ihm dafür zwei Wochen beim Apfelsinenverkauf helfen!" – „Das lässt sich hören!", meinte der Wolkenkönig. „Wir werden bald da sein, seht, dort drüben, da ist schon der Park!" Dicht über den Dächern bremste er die beiden Schiffe stark ab und kurbelte am Steuerrad. Sie flogen über die Bäume hinweg auf das Monument zu. Die Schiffe landeten weich auf dem Parkrasen. „Da sind wir! Ihr seid wieder auf der Erde! Schaut hinauf zum Himmel: welche von den vielen Wolken hat einmal euch gehört? Na? Ihr könnt es nicht sagen, es sind zu viele. Und das ist gut so. Ihr seid wieder auf der Erde bei den Menschen und habt eine Aufgabe – denkt daran und schaut nicht wehmütig zum Himmel hinauf! Ob ich euch wieder sehen werde, kann ich nicht versprechen, aber glaubt mir, zur Erde werde ich sicher wieder einmal zurückkehren, um unzufriedene Menschen glücklicher zu machen! So, jetzt aber nichts wie ab nach Hause zu euren Eltern! Ich wünsche euch noch einmal viel Glück!" Die beiden Wolkenschiffe hoben sachte ab, der Wolkenkönig lächelte und winkte freundlich mit dem Arm. Dann waren sie über den Wipfeln und entschwanden bald den Blicken der Kinder.

Fröhlich machten sich diese auf den Weg nach Hause. Bald verschwand ein Junge in diesem Haus, ein Mädchen in jenem – Stunden später sah man in der Stadt wieder glückliche und zufriedene Menschen.

Marcels Weg führte durch die enge Gasse, in der der alte Krottenbusch seinen Laden hatte. Im Vorbeigehen lächelte Marcel ihm zu und rief freundlich: „Guten Tag, Herr Krottenbusch! Einen wunderschönen Tag wünsche ich Ihnen, und auch viel Erfolg beim Geschäft!"

Trotz der langen Abwesenheit Marcels erinnerte sich der Alte noch dunkel an ihn, auf dessen Konto nach seiner Meinung die zerbrochene Schaufensterscheibe ging. Eigentlich juckte es ihm in den Fingern, Marcel dafür eine tüchtige Tracht Prügel zu verabreichen – aber die treuherzige Miene und die fröhlichen Augen des Jungen verwandelten seine Rachegefühle auf fast wundersame Weise in eine versöhnliche Stimmung, sodass er Marcels Gruß ebenso herzlich erwiderte. Und fast hätte er ihm noch eine seiner schönsten Apfelsinen geschenkt, nur um sich das freundliche Lächeln des Jungen noch ein wenig länger zu erhalten. Aber Marcel war schon vorbei, und der über sich selbst verwunderte Apfelsinenhändler schaute ihm noch lange nachdenklich nach.

Am Himmel über der Stadt segelte unterdessen eine

kleine weiße Wolke, um allmählich am Horizont zu entschwinden. Und über die Stadt und das Meer spannte sich ein heller und klarer Himmel, von keiner Wolke getrübt.

ENDE